高校教育管理创新发展研究

温雪秋 谢素柔 区晋诚 著

延吉·延边大学出版社

图书在版编目（CIP）数据

高校教育管理创新发展研究 / 温雪秋，谢素柔，区晋诚著. -- 延吉：延边大学出版社，2024.9. -- ISBN 978-7-230-07216-8

Ⅰ．G640

中国国家版本馆 CIP 数据核字第 2024P9Z218 号

高校教育管理创新发展研究

著　　者：	温雪秋　谢素柔　区晋诚
责任编辑：	王宝峰
封面设计：	文合文化
出版发行：	延边大学出版社

地　　址：	吉林省延吉市公园路977号	邮　　编：	133002
网　　址：	http://www.ydcbs.com	E-mail：	ydcbs@ydcbs.com
电　　话：	0433-2732435	传　　真：	0433-2732434

印　　刷：	长春市华远印务有限公司
开　　本：	787毫米×1092毫米　1/16
印　　张：	8.5
字　　数：	150千字
版　　次：	2024年9月第1版
印　　次：	2025年1月第1次印刷
书　　号：	ISBN 978-7-230-07216-8

定　　价：60.00元

前　言

教育管理在高校管理工作中处于核心地位，贯穿于教学工作的各个阶段，帮助高校实现资源最佳配置，科学安排教学计划，使教学工作得以顺利进行。近年来，随着我国经济的快速发展，社会对人才的要求逐渐提高，对高校教育管理的关注也越来越高。当今，在经济的不断发展下，科技和信息化也得到了发展，随之出现的是社会竞争加剧，社会对于人才的需求增多。同时，高校也在不断地进行扩招，高校的规模在逐渐变大，在进行高校教育管理时，会出现很多的问题亟待通过高校教育管理创新发展来解决。而对高校的管理进行创新，可以提高教学管理的科学性，根据社会的需求，培养出更多的适合社会发展的人才，从而促进我国教育事业的发展。

高校的教育管理工作在高校教育活动中具有举足轻重的地位，要想进一步提升教育质量，提高学校知名度，高校教育管理工作必须进不断探索创新发展路径。本书首先分析了我国高校教育管理的基本理论，阐述了高校教育管理的内涵、价值和原则。其次，探究了高校教育的具体内容、创新理念以及学生管理、教学质量管理、教师管理和行政管理等方面的创新发展举措。最后，详细介绍了高校教育管理在互联网时代的创新发展情况，以期推动高校教育管理高质量发展。本书可供高校教育管理的从业者和相关方面研究者阅读、参考。

由于笔者水平有限，书中难免存在不足之处，我们真诚地希望读者对本书提出宝贵的意见和建议。

目 录

第一章 高校教育管理概述 ································· 1

第一节 教育管理和高校教育管理的内涵 ···························· 1
第二节 高校教育管理的价值 ································· 15
第三节 高校教育管理的原则 ································· 28

第二章 高校教育管理的内容 ································· 33

第一节 高校学生管理 ······································ 33
第二节 高校教学质量管理 ·································· 39
第三节 高校教师管理 ······································ 50
第四节 高校行政管理 ······································ 55

第三章 高校教育管理的创新理念 ···························· 60

第一节 坚持创新理念 ······································ 60
第二节 把握职能定位 ······································ 65
第三节 构建权力结构 ······································ 69
第四节 健全机构设置 ······································ 73
第五节 保障运行机制 ······································ 75

第四章　高校教育管理创新发展的举措 …… 82

第一节　高校学生管理的创新举措 …… 82
第二节　高校教学质量管理的创新举措 …… 89
第三节　高校教师管理的创新举措 …… 93
第四节　高校行政管理的创新举措 …… 101

第五章　互联网时代高校教育管理的创新发展 …… 116

第一节　互联网时代高校教育管理发展的新取向 …… 116
第二节　互联网时代高校教育管理模式的创新和实现路径 …… 119
第三节　互联网时代高校教育管理工作方式的创新与优化 …… 123

参考文献 …… 128

第一章 高校教育管理概述

第一节 教育管理和高校教育管理的内涵

一、教育管理的内涵

教育管理的概念反映了教育中各种管理一般的、本质的特征。对其特点的揭示，会让人们对教育管理这一活动有更加准确、系统、全方位的理解。

（一）教育管理的概念

教育管理是指国家为贯彻教育方针，实现培养目标，而对教育系统所进行的计划、组织、控制等一系列有目的的连续活动。这一概念界定表明党和国家的教育方针是实施教育管理的依据。各教育行政部门和学校根据相应的科学管理原理，通过对教育系统实施计划、组织、控制等一系列的连续活动，达到培养人才的目的。

一般来说，教育管理包括教育行政与学校管理。教育行政是指国家对教育的管理，主要是指教育行政机关的活动，包括中央教育行政机关活动和地方教育行政机关活动。教育行政的主要内容有：贯彻党和国家的教育方针、政策，制定、推行教育法令，拟定教育规章，编制教育计划，审核、分配教育经费，建立、健全与改进各级教育行政组织，任用、培养教育人员，视察、指导和考评所属教育行政单位和学校的工作，处理各项教育工作上的问题，等等。学校管理是学校管理者为实现培养目标，遵循教育管理规律，运用一定原理和方法，对学校所进行的计划、组织、控制等一系列有目的的连续活动。学校管理的主要内容有：德育、智育、体育、美育、劳育的管理，教师和学生管理，保卫、总务、财务、图书、仪器管理，编制管理，管理机构对自身的管理，等等。

（二）教育管理的特点

教育管理作为一般管理的一部分，除了具有一般管理的一些特点，还有自己独特的特点，如权变性、双边性、复杂性和多价值摄入性等。

1.教育管理的权变性

影响教育管理工作的众多因素中既有系统性因素，也有随机性因素（也称偶发性因素）。系统性因素是指在教育工作中长期起作用的因素，具有稳定性，如领导者的水平及能力、教师的业务素质、学校的周边环境、学生来源、学校建筑设计等。对于这类因素，人们可以提前预测它的出现，也可以据此事先采取相应的管理措施。这类因素虽然比较容易发现，但造成的相应问题不易解决。随机性因素是指在教育工作中偶然出现的因素，具有不稳定性。例如，由于某种原因，某堂课换了一个条件不好、室外又有喧闹声的教室，导致这堂课的教学质量不佳。这类因素造成的问题虽然不像系统性因素那样难以解决，但有时不易发现，人们往往难以预测它的出现，难以事先制定相应的管理措施。这两类因素的存在使得教育管理中既有规范性管理，又有权变性管理，如编班、安排课程、考评教学工作量等都属于规范性管理。这些工作如何做，事先都有明确规定。在权变性管理中，如何处理因随机性因素造成的问题，没有明确规定，应该根据具体情况采取相应的管理措施。实际上，不存在适用于任何情况的"最佳"管理方法和措施。哈罗德·孔茨强调，有效的管理总是因情况而异的管理。因此，教育管理要因地制宜、"因事制宜""因人制宜"。在教育管理中，人的因素占主导地位，人作为有思维活动的生命，有许多变化的不定性，教师不经意间的一个眼神、一种表情、一句话、一种行为可能会对学生产生莫大的影响。另外，即使有了管理规则，也会因非理性因素而出现随机事件。因此，教育管理具有很强的权变性，应该根据具体情况采取相应的教育教学和领导措施。

2.教育管理的双边性

任何管理活动均包括管理者与被管理者，管理是在管理者与被管理者的相互运动中实现的。管理对象虽然包括物，但主要是人，管理主要是在"人—人"的双边关系系统中实现的。可以说，任何管理活动都具有双边性，教育管理也不例外。就一般管理而言，管理者通过对被管理者实施影响，使他们按照预定目标去行动，改变自己不符合组织目标的行为。被管理者在接受管理者对他们的影响时，并不是消极、被动地去服从指挥，而是根据自己的需要带着主观认识去接受命令。被管理者在工作中表现出来的对命令的服从感、责任感、成就感等对管理者是一种影响。这种影响可能是积极的，也可能是消极的。积极的影响可以使上级管理者或同级人员增强信心，正确对待面临的困难，有利于预定目标的实现。消极的影响会使人们丧失信心，阻碍预定目标的实现。因此，在管理过程中，管理者与被管理者是相互作用、相互依存和相互制约的。较之一些其他管理活动，教育管理的双边性更加突出，而且有其特殊性。教育是一项培养人的事业，对于教育领域中的很多东西，人们难以下定论或把握，如怎么做是启发性教学，什么行为是因材施教等。教师的教育理念、工作态度、责任心等，很难通过教师的某种行为去判定，教师在从事某项工作时将持有什么心态、生成什么行为也很难被预判。在这种情况下，作为被管理者的教师与作为管理者的校长、主任等，以及作为被管理者的学生与作为管理者的教师等，他们之间的相互活动，尤其是积极的活动对实现教育目标、满足被管理者的需要显得格外重要。

3.教育管理的复杂性

学校是教育组织中最庞大的群体，这个群体涉及很多人员及其相互关系。从学校内部来说，有行政人员、教师与学生；从外部来说，有家长、亲戚、社区成员，其中家长是一个庞大的与学校有密切关系的群体。这些人员之间又构成了不同的社会关系。学校本身也有不同于其他组织的特点：首先，学校中的教师具有双重角色，既属于被管理者，又属于管理者，他们每年、每学期、每月甚至每天都在不同的角色中变换。教师作为被管理者时面对的是成人，作为管理者时面对的是未成年人（中小学教育阶段）。不仅如此，他们还以职业人的角色出现，肩负培育国家未来接班人的重任，因此要时刻注意自己的言行，要起到"行为示范"的作用。其次，学校中的学生有不同于成年人的特点：他们的生理处于快速成长时期，心理也存在诸多矛盾；他们渴望独立，但是又不具备独立的条件；他们喜欢标新立异，这种心理使一些学生出现较强的叛逆性；他们有时会比较冲动。最后，对于学校来说，每年都要迎来一批新学生，每年也要送走一批毕业生。在迎来新学生的同时，学校也迎来了与他们相关的社会关系。所以，学校是人员、社会关系变化极大的组织，学校管理属于走动式管理。此外，中小学的学生基本都是未成年人，不具有完全民事行为能力，家长是他们的监护人。所以，中小学管理不仅要面对学生，还要面对家长。家长是具有不完全组织性的群体，他们没有明确的组织目标、组织结构、组织规则等。因此，对家长这个群体的管理具有很大的难度。上述人员及组织本身的特点表明教育组织具有复杂性，对于这种组织的管理也具有复杂性，对其管理要特别注意方式方法。

4.教育管理的多价值摄入性

教育的不确定性，使得管理者经常要对工作中的问题作出判断与决定，许多判断与决定属于价值选择问题，而不属于是非对错问题。因此，管理者在进行管理时，不仅要进行事实判断，还要进行大量的价值判断。事实判断着眼于事物的客观发展状态，旨在描述和反映事物的性质、功能和变化。事实判断就是要原本地再现客观事实，清除以主体为转移的成分，清除主体的需要和干扰等。价值判断从主观意志、需要和愿望出发，旨在估量和评价事物对人的需求的影响，要以主体自身需要作为评价的依据，其内容自然不能排除主体，而应以主体的需要为转移。价值判断是事实判断的目的性追求，要以对事实的正确认识为基础，使主观需求与客观相符合。教育是价值高度涉入的事业，教育教学活动常常会涉及其他活动不常遇到的价值问题。学校是社会上各种价值观念冲突的中心，这些价值观念的冲突及其他价值方面的问题，常常反映在教育教学工作中，这使得教育者必须时常运用自己的价值观，在事实基础上进行价值判断，然后选择理性的、应然的行为。教育工作充满各种各样的价值判断，这一特点表明教育管理不仅有单纯的技术问题，还有很多价值判断问题。

因此，教育管理者要随时依赖个人的道德观对教学、科研和管理进行价值判断，以对事实的正确认识为基础的同时，还要考虑对学生、教师和学校发展的意义，可以说，学生、教师和学校发展的需要是价值判断的依据。

二、高校教育管理的内涵

研究高校教育管理，首先要明确其内涵。要全面、深入地把握高校教育管理的内涵，就要弄清高校教育管理的定义，了解高校教育管理的特点，明确高校教育管理的目标。

（一）高校教育管理的定义

管理，就其字面意义而言，是管辖、处理的意思。管理的涉及面极其广泛，人们往往按照某种需要或从某种角度来看待和谈论管理，因此对管理有了多种不同的解释。即使是在管理学界，管理也有多种不同的定义。有的从管理职能和过程的角度出发，认为管理是由计划、组织、指挥、协调和控制等职能为要素组成的活动过程；有的从管理的协调作用的角度出发，认为管理是在某一组织中，为完成目标而从事的对人与物质资源的协调活动；有的从组织中的人际关系和人的行为的角度出发，认为管理就是协调人际关系，激发人的积极性，以达到共同目标的一种活动；有的从决策在管理中的地位的角度出发，认为管理就是决策；有的从系统论的角度出发，认为管理就是根据一个系统所固有的客观规律，对这个系统施加影响，从而使系统呈现一种新状态的过程。这些不同的定义，从不同的角度揭示了管理活动的特性。

综合上述各种观点，可以对管理的定义作如下表述：管理是在一定的社会组织中，通过决策、计划、组织和控制，有效地利用人力、物力、财力、时间和信息等各种资源，以达到预定目标的一种社会活动过程。

高校教育管理是高校管理的一个重要组成部分，也是高校人才培养工作的一个重要环节。因此，高校教育管理既有管理的一般本质，又有其自身的特殊本质。这主要表现在以下几点：

第一，高校教育管理是在高校这一特定的社会组织中进行的。任何管理活动都是在一定的社会组织中进行的。高校是系统培养专门人才的社会组织，大学生的教育和培养是其首要的和基本的任务，高校教育管理就是高校为实现这一任务而进行的特殊管理活动。

第二，高校教育管理的目的是实现高校的人才培养目标，促进大学生的全面发展。管理的目的是实现一定社会组织的某种预定目标。世界上既不存在无目标的管理，也不可能实现无管理的目标。高校教育管理作为高校人才培养工作的一个重要环节，其目的就是要实现高校在人才培养方面的预定目标，促进大学生的全面发展，使之成为德智体美劳全面发展、富有创新精神和实践能力的中国特色社会主义事业的合格建设者和可靠接班人。

第三，高校教育管理的实质是要有效地利用学校的各种资源，为大学生的成长成才提供指导和服务。高校教育管理的任务是为大学生顺利完成学业、健康成长成才提供各方面的指导和服务，包括对大学生行为和大学生群体的引导、对家庭经济困难学生提供的资助服务、对毕业生提供的就业服务等。为此，就需要通过科学的决策、计划、组织和控制，有效地利用学校的各种资源，包括人力、物力、财力、时间和信息等。

综上所述，所谓高校教育管理，就是高校为实现人才培养目标，促进大学生全面发展，通过决策、计划、组织和控制，有效地利用各种资源，为大学生成长成才提供各种指导和服务的社会活动过程。

（二）高校教育管理的特点

1.突出的教育功能

高校教育管理是高校人才培养工作的重要组成部分，因此高校教育管理既具有管理的属性，又具有教育的属性，有着突出的教育功能。

（1）高校教育管理目标服从和服务于高等教育目标

大学生是为了接受高等教育而进入大学的，高校教育管理则是高校为实现高等教育目标，促进大学生圆满完成学业而实施的特殊管理活动，因此高校教育管理目标必然服从和服务于高等教育目标。

一方面，高等教育目标是制定高校教育管理目标的基本依据。高校教育管理目标是高等教育目标在高校教育管理活动中的贯彻和体现，是其在高校教育管理领域的分目标。离开了高等教育目标，高校教育管理也就没有了方向。

另一方面，高等教育目标的实现有待高校教育管理目标的实现。高校教育管理是实现高等教育目标的重要手段，只有通过有效的管理，建立和保持正常的教育教学和生活秩序，充分调动大学生学习的积极性和主动性，为大学生提供各种必要的指导和服务，才能保证学校教育教学活动的顺利进行和学生的健康成长。如果没有有效的高校教育管理，高等教育目标也就不可能实现。

（2）教育方法在高校教育管理方法体系中具有突出的作用

教育方法是包括高校教育管理在内的现代管理活动中经常、广泛使用的基本手段。这是因为一切管理活动都离不开人，而人是有思想的，人的活动总是由一定的思想意识支配。因此，任何管理活动都要坚持思想领先的原则，注意做好人的思想工作，通过影响人的思想去引导和制约人的活动。高校教育管理作为大学生教育和培养工作系统中的一个重要组成部分，必然要更加注重运用教育方法，以增强高校教育管理的实效性。同时，教育方法也是高校教育管理中其他方法顺利实施并收到实效的基础。高校教育管理的法律方法、行政方法和经济方法的实施，一般都要伴之以思想道德教育，才能收到良好的效果。

（3）高校教育管理过程也是教育大学生的过程

高校是教育和培养专门人才的场所，高校的一切工作都应当对大学生起到良好的教育作用。直接面向大学生进行的高校教育管理工作，当然更是如此。事实上，高校教育管理过程中包含着十分丰富的教育因素。高校教育管理过程中所贯彻的以人为本、民主法治、公正和谐的理念，所体现的从学校和学生的实际出发，遵循教育规律和管理规律，实事求是的科学精神，所采用的民主管理、依法管理、科学管理的方法等都会对学生起到潜移默化的作用。高校教育管理过程中所实行的依据大学生成长成才规律和要求制定的各项规章制度都会对大学生起到思想导向、动机激励和行为规范的作用。高校教育管理过程中管理人员的情感、态度和言行也会对大学生起到表率和示范作用。可见，高校教育管理的过程也是教育大学生的过程，并直接影响着大学生思想品德的形成与发展。

2. 鲜明的价值导向

高校教育管理是为社会培养人才提供服务的，高校教育管理的目的、管理体制和管理形式受到社会经济基础、政治制度和意识形态的制约。因此，高校教育管理具有鲜明的价值导向，贯穿并体现着社会的主导价值体系，直接影响着大学生价值观的形成、变化与发展。我国是人民民主专政的社会主义国家，我国的高校要为社会主义建设事业培养专门人才，这就决定了我国的高校教育管理必然要坚持社会主义的价值导向。具体地说，高校教育管理的价值导向主要体现在以下几方面：

（1）高校教育管理的价值导向集中体现在管理目标中

目的性是人类实践活动的基本特征。人的实践活动的目的总是基于一定的需要或对实践对象的属性及其变化趋势的认识与判断，因此体现着一定的价值观念。高校教育管理的目标同样如此。事实上，高校教育管理的目标是基于一定的价值观念而确定和设计的，贯穿和体现着一定的价值观念和价值追求。因此，高校教育管理的价值导向不仅对管理者的管理行为和大学生的日常行为起到导向、激励和评价的作用，而且对大学生价值观的形成和发展起到重要的引导、促进作用。例如，建立和维护良好的教育教学秩序和生活秩序是高校教育管理的重要目标，这一目标就体现了"有序"的价值，因此这一目标的执行会促进大学生形成"有序"的观念。同时，高校教育管理是大学生教育的重要环节，为谁培养人、培养什么样的人始终是大学生教育的首要问题，当然也是高校教育管理的首要问题。显然，对这个问题的解决，鲜明地体现了一定的价值观念和价值追求。在我国现阶段，高校教育管理要体现社会主义核心价值，体现实现中国特色社会主义的共同理想对人才培养的要求。因此，我国高校教育管理的目标必然要体现社会主义的价值导向。

（2）高校教育管理的价值导向突出体现在管理理念中

高校教育管理理念是高校教育管理的指导思想，直接制约着高校教育管理的原则和方法。高校教育管理理念也总是体现着社会的价值体系，且往往是社会的先进价值观念在高校教育管理中的贯彻和体现。例如，高校教育管理中"以人为本"的理念，就是我们党所坚持的"以人为本"的价值观念在高校教育管理中的贯彻和体现。在高校教育管理中全面贯彻"以人为本"的理念，坚持做到"关心人、尊重人、依靠人、发展人、为了人"，必然会对大学生正确认识人的价值，确立"以人为本"的价值观产生积极影响。

（3）高校教育管理的价值导向具体体现在管理制度中

科学而又严密的规章制度是高校教育管理的基本手段，也是高校教育管理规范化、制度化和法治化的基本保证与主要标志。规章制度是人们在一定的价值观念指导和影响下制定出来的，体现着一定的价值导向，具体表现为要求大学生做什么，不做什么；鼓励和提倡做什么，反对和禁止做什么；奖励什么样的行为和表现，惩罚什么样的行为和表现；等等。高校教育管理制度中的这些规定无不体现着鲜明的价值导向。

3.复杂的系统工程

同其他管理活动一样，高校教育管理也是一项系统工程，具有整体性、层次性、动态性和开放性。同时，高校教育管理又有其特殊的复杂性，是一项十分复杂的系统工程。

（1）高校教育管理的任务是复杂而艰巨的

高校教育管理既要紧紧围绕促进大学生成长成才的中心任务，加强对大学生学习行为和实践活动的管理和引导，又要切实为大学生的健康成长着想，加强对大学生日常行为（包括交往行为、消费行为、网络行为）的管理和引导，及时发现、纠正和妥善处理大学生的异常行为；既要加强对大学生现实群体包括学生班级、学生党团组织、学生社团和学生生活园区的管理和引导，又要适应网络时代的新情况，加强对大学生以网络为平台形成的虚拟群体的管理和引导；既要对大学生在校园内的安全加强管理和引导，又要为大学生在校外的安全提供必要的指导和督促；既要做好面向全体大学生的奖学金评定工作，以充分调动大学生的学习积极性，又要做好面向家庭经济困难大学生的资助工作，以帮助他们顺利完成学业；既要引导新生科学制定职业生涯规划，明确努力的具体目标，又要为毕业生提供就业、创业指导和服务，使他们能够在合适的岗位上大显身手、实现自身价值。总之，高校教育管理渗透于大学生专业学习和日常生活的各个方面，贯穿大学生培养工作的所有环节和全部过程，其任务是复杂而艰巨的。

（2）大学生是具有明显差异和鲜明个性的

高校教育管理的对象是大学生，而大学生有着明显的差异和鲜明的个性。他们各有其特殊的精神世界和思想感情，有着不同的气质、性格、兴趣、爱好和习惯，即使是同一个年级、专业、班级的学生，由于各自不同的生活条件和生活经历，其思想行为也各有特点。同时，随着自主意识的增强，大学生越来越崇尚个性，追求个性的自由发展和完善。对同一名大学生而言，在成长变化的不同时期也有着不同的特点。因此，高校教育管理不可能按照完全统一的要求、规格和程序来进行，而是要善于根据大学生的个性特点，因人而异，因势利导，有针对性地开展工作。

（3）影响大学生成长的因素是复杂的

高校教育管理的目的是促进大学生成长成才，而影响大学生成长成才的，不仅有学校教育因素，还有外部环境因素。现实世界中，所有与大学生学习、生活、活动和交往有关的环境因素，都会或多或少地对大学生的成长成才产生影响。其中，有社会的因素，也有自然的因素；有物质的因素，也有精神的因素；有经济、政治的因素，也有文化的因素；有国际、国内的因素，也有家庭、学校周边社区的因素；有现实的因素，也有历史的因素；等等。尤其是随着现代信息技术的迅猛发展，世界越来越紧密地联系在一起，大学生可以方便快捷地获取来自世界各地的信息，因此影响大学生思想行为及其成长的环境因素也更为广泛、复杂。同时，外部环境对大学生的影响也是复杂的。一是其影响的性质具有多重性。既有积极影响，也有消极影响，二者往往交织在一起，同时产生作用。同样的环境因素对于不同的大学生可能会产生不同性质的影响。二是其影响的方式具有多样性。既有直接的影响，也有间接的影响；既有显性的影响，也有隐性的影响；

既有通过对大学生思想情感的熏陶产生作用的，也有通过对大学生行为的约束产生作用的。凡此种种，不一而足。因此，在高校教育管理过程中，管理者不仅要善于对大学生的学习和生活进行正确的指导，而且要善于正确认识和有效调控各种因素对大学生的影响，尽可能充分利用其对大学生的积极影响，防止、抵御和转化其消极影响。显然，这是一项十分复杂的工作。

4.显著的专业特色

高校教育管理传统上是经验性的事务性工作，但高校教育管理有其特殊的管理对象、特殊的内在规律和特有的方法体系，这决定了高校教育管理必须形成专业视角，使用专业方法，形成专业研究模式。因此，高校教育管理是专业性很强的工作。

（1）高校教育管理有其特殊的管理对象

高校教育管理的对象是大学生，而大学生有着区别于一般管理对象的显著特点。

一是大学生是具有高度自觉能动性的人。大学生具有强烈的自主意识、突出的独立意向和较高的智力发展水平，崇尚独立思考，要求自主自治。在高校教育管理过程中，大学生不仅是接受管理的对象，还是积极活动的主体。对于学校的要求和规章，对于管理者施加的指导和督促，他们都要经过自己的思考，作出自己的评价、选择和反应。更重要的是，他们会积极主动地参与到管理活动中，自觉地接受管理和实行自我管理。这就要求管理者必须着力激发和引导大学生的自觉能动性，使他们能够自觉地顺应高校教育管理的目标和要求，主动接受管理，积极开展自我管理。

二是大学生是正处于成长和发展的关键时期的人。他们的心理日趋成熟但尚未完全成熟，智力迅速发展，情感日益丰富，自我意识显著增强，但又存在着理智与情绪的矛盾、自我期望与自身能力的矛盾等心理矛盾。他们正处于思考、探索和选择之中，世界观、人生观和价值观正在形成，思想活动具有显著的独立性、敏感性、多变性、差异性和矛盾性。他们即将走上社会，正在为进入职场、全面参与社会劳动实践做准备。可见，大学生有着既不同于少年儿童，又区别于成人的特点。同时，大学生处于趋向成熟的过程中，他们身上蕴藏着各方面发展的极大的可能性，有着发展的巨大潜力。这就要求高校教育管理针对大学生的特点，切实加强并科学实施对大学生的指导和服务，以促进他们的健康成长，使他们的身心获得最佳的发展。

三是大学生是以学习为主要任务，并在教师的指导下进行自主学习的人。大学生的主要职责是学习，大学生的学习是由教师指导的，按照一定的制度和规定有目的、有计划、有组织地进行。同时，大学生可以按照学校的有关规定自主地选修课程，自主地支配大量的课外学习时间。因此，大学生不仅需要掌握科学的学习方法，而且需要高度的学习自觉和有效的自我管理。这就要求高校教育管理紧紧围绕大学生的学习任务，切实加强对大学生学习行为的指导和管理。

（2）高校教育管理有其特殊的内在规律

高校教育管理有其特殊的内在规律是由高校教育管理自身的特殊矛盾决定的。高校教育管理的特殊矛盾就是社会基于对专门人才的需要而对大学生在行为方面的要求与大学生行为实际状况的矛盾。这一矛盾存在于高校教育管理的活动之中，贯穿高校教育管理过程的始终，决定着高校教育管理的全局，构成了高校教育管理的基本矛盾，也是高校教育管理区别于其他社会实践活动的特殊矛盾。高校教育管理就是为解决这一矛盾而专门进行的特殊社会实践活动。高校教育管理作为一种人才培养的手段，固然要遵循教育的一般规律，但又有区别于其他教育活动的特殊规律，这就需要对高校教育管理的特殊规律进行专门的探索和研究。高校教育管理理论研究的任务，就是揭示高校教育管理的特殊规律。

（3）高校教育管理有其特有的方法体系

高校教育管理所具有的特定的管理对象和特殊的内在规律决定了高校教育管理有其特有的方法体系。高校教育管理工作涉及面极其广泛，具有很强的综合性，因此管理者需要掌握管理学、教育学、心理学、社会学等多方面的理论方法和技术。但高校教育管理的方法体系又不是这些学科方法和技术的简单拼凑和机械相加，而是需要在系统掌握这些学科理论、方法和技术的基础上，针对大学生的特点，依据高校教育管理的特殊规律和具体实际，把它们有机地结合起来加以综合运用，从而形成自己特有的方法体系。

（三）高校教育管理的目标

高校教育管理目标是一定时期内实施高校教育管理活动所要达到的预期结果，是高校教育管理过程的指向、核心和归宿，规定着高校教育管理的方向和任务，制约着高校教育管理的手段和方法。科学地确定并正确地把握高校教育管理的目标，是实施高校教育管理的前提，是提高高校教育管理效益的关键。

1.确定高校教育管理目标的依据

高校教育管理目标作为高校教育管理活动所要达到的预期结果，其形式是主观的，但它的确定并不是主观随意的，而是围绕高校的人才培养目标，依据社会发展的客观要求和大学生发展的客观需要制定出来的。

（1）高校的人才培养目标是确定高校教育管理目标的直接依据

高校的人才培养工作是一项十分复杂的系统工程，高校教育管理作为这一系统的重要组成部分，其目的就是通过为大学生提供各种指导和服务，保证学校人才培养目标的实现。因此，高校教育管理目标的确定也就必然要以高校的人才培养目标为依据。实际上，高校教育管理目标也就是高校人才培养目标在高校教育管理领域中的体现和具体化。

（2）社会发展的客观要求是确定高校教育管理目标的根本依据

高校的人才培养目标归根结底是由社会发展的客观要求决定的。同时，大学生发展的基本趋势和总体状况取决于社会发展的状况及其对人才素质的客观要求。高校教育管理的实质就是引导和帮助大学生充分利用社会所提供的各种条件来发展和完善自己，以适应社会发展的客观要求。

（3）大学生发展的需要是确定高校教育管理目标的重要依据

高校教育管理目标的确定，在主要依据社会发展需要的同时，还应兼顾大学生发展的需要。首先，大学生是正处于发展中的、具有鲜明个性的人。他们都有自己的思想感情、兴趣爱好和理想追求，都有丰富和发展自己的迫切需要。因此，高校教育管理的目标必然要满足大学生发展的需要。其次，大学生既是管理的对象，又是能动的主体。高校教育管理目标能否实现，关键看它能否激发大学生自我管理的主动性和积极性。为此，高校教育管理目标就必须体现大学生发展的需要。只有这样，外在的管理目标才能转化为大学生的内在追求，从而激励大学生自觉地开展自我管理，不断奋发努力。

2.高校教育管理的目标体系

高校教育管理目标按其地位和作用范围，可分为总目标和分目标。高校教育管理的总目标是高校教育管理的全部活动要达到的预期结果。高校教育管理的分目标则是各个领域、各种层次以及各个阶段的高校教育管理活动分别要达到的预期结果。总目标是分目标的基本依据，分目标是总目标的分解和具体化；总目标调节和控制着分目标的执行，总目标的实现又有待于各个分目标的实现。高校教育管理的总目标和分目标相互联系、相互作用，共同构成了高校教育管理的目标体系。

为维护高校正常的教育教学秩序和生活秩序，保障学生身心健康，促进学生德智体美劳全面发展，2017年教育部颁布了《普通高等学校学生管理规定》（国家教育委员会令第7号），这也是现阶段我国普通高等学校学生管理的总目标。

（1）维护高等学校正常的教育教学秩序和生活秩序是高校教育管理的直接目标

任何管理活动的直接目标或第一目标都是建立和维护组织的正常秩序。事实上，管理活动的产生首先就是为了规范和协调人的行为，以使组织的各项活动能够围绕组织的目标，按照一定的制度和规定有条不紊地进行。这就像一个乐队必须有一个指挥，而指挥的作用就是使乐队全体成员的演奏都能够按照乐谱的规定和要求有序进行。高校教育管理的直接目的是引导、规范和调控大学生的行为，建立和维护高校正常的教育教学秩序和生活秩序，以使学校的各项教育教学活动和大学生的学习与生活有序进行。

（2）保障学生的身心健康是高校教育管理的基本要求

身心健康包括生理健康和心理健康，是生理健康和心理健康的有机统一。生理健康是心理健康的物质基础，心理健康是生理健康的精神支柱。身心健康是人的全面发展的基础和内在要求。一个人如果没有强健的体魄、振奋的精神和坚强的意志，就谈不上全面发展，也不可能成为社会需要的全面发展的高素质人才。保障大学生的身心健康是培养社会合格人才的内在要求，是大学生成长成才的需要。当代中国大学生大多为独生子女，是一个承载社会、家庭高期望值的特殊群体。他们自我定位比较高，成才欲望非常强，但社会阅历比较浅，心理发展尚未成熟，极易出现情绪波动。随着经济社会的发展，特别是涉及大学生切身利益的各项改革措施的实行，大学生面临的社会环境、家庭环境和学校环境日益纷繁复杂，学习、就业、经济和情感等方面的压力越来越大，这些不可避免地会影响他们的心理健康乃至生理健康。因此，加强高校教育管理，为大学生的学习、就业和日常生活提供必要的指导和服务，保障大学生的身心健康意义重大。

（3）促进学生德智体美劳全面发展是高校教育管理的根本目标

培养全面发展的人，历来是具有远见卓识的教育家们追求的理想目标。马克思、恩格斯科学地揭示了人的全面发展的内涵和历史必然性，创立了关于人的全面发展的理论。毛泽东把这一理论运用于中国社会主义建设的实践，阐明了新中国的教育方针，他明确提出："我们的教育方针，应该使受教育者在德育、智育、体育几方面都得到发展，成为有社会主义觉悟的有文化的劳动者。"在我国改革开放和社会主义现代化建设新时期，邓小平提出，要教育全国人民做到有理想、有道德、有文化、有纪律，这为在社会主义初级阶段促进人的全面发展指明了方向。世纪之交，江泽民总结了中国特色社会主义建设的实践经验，指出努力促进人的全面发展是马克思主义关于建设社会主义新社会的本质要求。胡锦涛在党的十七大报告中明确指出："要全面贯彻党的教育方针，坚持育人为本、德育为先，实施素质教育，提高教育现代化水平，培养德智体美全面发展的社会主义建设者和接班人，办好人民满意的教育。"习近平在全国教育大会上强调："坚持中国特色社会主义教育发展道路……培养德智体美劳全面发展的社会主义建设者和接班人，加快推进教育现代化、建设教育强国、办好人民满意的教育。"培养德智体美劳全面发展的社会主义建设者和接班人是高校人才培养的目标，而高校教育管理作为高等学校人才培养体系的重要组成部分，当然要为实现这一目标服务，以促进学生德智体美劳全面发展为根本目标。

（4）高校教育管理的分目标具有复杂性和多样性

高校教育管理的分目标主要有以下几种类型：

①按高校教育管理的工作内容而确定的分项管理目标

高校教育管理是一项复杂的系统工程，具有多方面的工作内容，包括大学生行为管理、大学生群体管理、大学生安全管理、大学生资助管理和大学生就业管理等。这就需要把高校教育管理的总目标分解到各个具体工作领域之中，形成各项具体目标，通过各项具体目标的达成来实现大学生管理的总目标。具体说来，大学生行为管理的目标是引导大学生自觉践行大学生行为规范，养成良好的行为习惯；大学生群体管理的目标是引导大学生群体形成体现大学精神、积极向上的群体文化，开展丰富多彩、有益健康的群体活动，充分发挥群体管理对大学生成长成才的积极作用；大学生安全管理的目标是维护学校稳定，保障学生安全，建设平安校园；大学生资助管理的目标是为贫困大学生提供基本的经济保障，促进他们健康成长和顺利成才；大学生就业管理的目标是引导毕业生树立正确的就业观念，增强职场竞争能力，帮助他们顺利找到合适的工作岗位。

②按大学生培养过程的不同阶段而确定的阶段性管理目标

大学生的培养过程具有明显的阶段性，各个阶段都有各自的工作重点，不同学习阶段的大学生也各有其特点。这就需要依据高校教育管理的总目标和大学生培养过程的内在规律性,科学地确定各个阶段高校教育管理的具体目标,并使之环环相连、紧密衔接、循序渐进。就本科生管理而言,在一年级,应注重引导学生实现角色转换,尽快适应大学的学习和生活;在二年级,应注重引导学生依据社会需要确定自己的奋斗目标,对未来的职业生涯做出初步规划,全面提高自己的知识素养和能力,有目的地发展自己的兴趣和特长;在三年级,应注重引导学生认识自身素质与社会需求的差距,抓住时机,完善自己,提升自我;在四年级,应注重引导学生客观全面地分析自身情况,为就业或升学做好充分准备。

③按高校教育管理主体的具体分工确定的具体工作目标

高校教育管理目标的实现有待所有大学生管理部门和全体大学生管理工作者的共同努力。在高校教育管理工作系统中,每一个部门、每一位管理者,都在特定的工作领域中有其特定的工作职责。为了充分发挥所有部门和全体管理者的作用,并使他们紧密配合、形成合力,就要把高校教育管理的总目标层层分解并落实到各个部门和各位管理者,形成部门和管理者的具体工作目标。例如,学生工作部(处)工作目标、学校团委工作目标、教务处学生管理工作目标、学生会工作目标、辅导员及班主任工作目标等。只有这样,才能引导和协调学校各方面的力量,保证高校教育管理总目标的实现。

第二节 高校教育管理的价值

高校教育管理对社会进步、高校发展和大学生成长成才都有着重要的意义和价值,全面认识高校教育管理的价值是高校教育管理研究的重要课题,也是切实加强和改进高校教育管理的重要思想基础。

一、高校教育管理价值概述

价值本来是一个经济学范畴的概念，它是伴随着商品生产的出现而产生的。在经济学领域，价值指的是凝结在商品中的无差别的人类劳动。现在，价值这一概念已经广泛地运用于社会、政治、法律、道德、科技、教育和管理等各个领域，成为人们评价事物的一个普遍概念。因此，价值又具有了哲学意义上的新内涵。在哲学意义上，价值是指客体对于主体的作用和意义，它体现了客体的属性和功能与主体的需要之间的一种特定关系，即客体属性和功能对主体需要的满足关系。价值作为一个关系范畴，不能离开主客体中任何一方而存在。一方面，价值离不开主体，主体的需要是衡量价值的尺度，只有满足主体需要的事物或对象才具有价值；另一方面，价值也离不开客体，客体的属性和功能是价值的载体。价值的实质，也就是客体的属性和功能对主体需要的满足。

高校教育管理的价值是指高校教育管理对于社会、高校和大学生所具有的作用和意义，也就是高校教育管理的属性和功能对社会进步、高校发展和大学生成长成才需要的满足。高校教育管理价值的客体是高校教育管理本身。高校教育管理具有对大学生的成长和发展，对高校实现教育目标，对培养社会合格人才发挥作用的属性与功能。正是高校教育管理的这些属性和功能构成了高校教育管理价值的基础。高校教育管理价值的主体是社会、高校和大学生。高校是高校教育管理的实施者。高校之所以要实施高校教育管理，根源于实现教育目标的需要，而高校教育管理则具有满足这种需要的属性和功能。因此，高校也就成为高校教育管理价值的主体。同时，高校的教育目标又是依据社会对专门人才的要求和大学生发展的需要制定的，社会和大学生也就因此成为高校教育管理的主体。高校教育管理价值所体现的是高校教育管理的属性和功能对社会、高校和大学生需要的满足关系。高校教育管理价值具有下述显著特点：

（一）直接性与间接性

高校教育管理对其价值主体的作用，就其作用的形式而言，有直接作用和间接作用，因此高校教育管理价值也就具有直接性和间接性的特点。高校教育管理价值的直接性是指高校教育管理能够不经过中介环节直接作用于价值主体，以满足其一定的需要。一般说来，高校教育管理对大学生的影响和作用往往是直接产生的。高校教育管理价值的间接性是指高校教育管理需要通过一定的中介环节间接作用于价值主体，以满足其一定的需要。一般来说，高校教育管理对于社会的影响和作用就是通过对大学生的影响和作用而间接发生的。

（二）即时性与积累性

高校教育管理价值的实现即高校教育管理以自身的属性和功能对价值主体某种需要的满足总要经过一个或短或长的过程，因此高校教育管理价值也具有即时性与积累性的特点。高校教育管理价值的即时性是指高校教育管理活动在短时间内就能够迅速达到目标，从而满足价值主体的某种需要。例如，及时办理家庭经济困难学生的助学贷款，以使他们能够顺利入学、安心学习；及时处理大学生中的突发事件，以保障学生安全和校园稳定；等等。高校教育管理价值的积累性是指高校教育管理往往要经过一个相当长的过程，通过长期的工作积累才能达到目标，进而满足价值主体的某种需要。例如，建立良好的教育教学秩序，以满足高校人才培养工作的需要；培养大学生良好的思想品德和行为习惯，以满足社会发展与学生自身发展的需要；等等。这些都不是一朝一夕就能实现的，而是需要长期的工作积累。

（三）受制性与扩展性

高校教育管理价值的受制性是指高校教育管理价值的实现要受到其他因素的影响。这是因为高校教育管理价值是对大学生成长成才的作用和意义，而大学生的成长成才还要受到高校内部其他因素和外部环境因素的影响。因此，高校教育管理在大学生成长成才中作用的发挥，必然受到其他因素的制约。当其他因素对大学生的影响与高校教育管理的作用方向相一致时，高校教育管理就容易收到实效，高校教育管理的价值也就易于实现。反之，如果其他因素对大学生的影响与高校教育管理的作用方向不一致或相反，高校教育管理就难以收到实效，高校教育管理的价值也就难以实现。

高校教育管理价值的扩展性是指高校教育管理可以通过大学生的活动对高校内部其他因素和外部环境因素产生作用，从而使自身价值得到扩展。例如，高校教育管理通过对大学生科技创新和创业活动的鼓励和支持，激发大学生科技创新和创业的积极性，这就必然会推动学校的教学创新,增强大学生的科技创新能力和创业能力。再如,高校教育管理通过对大学生日常行为的引导,使大学生养成遵守社会公共道德规范、自觉维护公共秩序和环境卫生的行为习惯,这就必然会对学校周边环境的优化产生积极的影响。

(四)系统性与开放性

高校教育管理价值的系统性是指高校教育管理的价值是一个由多种维度、多种类型的内容构成的有机整体。按价值的主体分类,高校教育管理价值可分为社会价值、高校集体价值和个体价值。社会价值即高校教育管理对社会运行和发展的作用和意义;高校集体价值即高校教育管理对高校运行和发展的作用和意义;个人价值即高校教育管理对大学生个体成长与发展的作用和意义。按价值存在的形态分类,高校教育管理价值可分为理想价值和现实价值。理想价值是高校教育管理价值的应有状态,即高校教育管理所追求的最终价值;现实价值是高校教育管理的实有状态,即在现实条件下已经实现或正在实现的价值。按价值的性质分类,高校教育管理价值分为正向价值和负向价值;按价值的大小分类,高校教育管理价值分为高价值和低价值;等等。高校教育管理价值就是由上述各种价值组成的系统。

高校教育管理价值的开放性是指高校教育管理的价值会随着价值主体的需要和高校教育管理功能的变化和发展而变化和发展。随着社会的发展,高校教育管理服务对象的需要在变化和发展,这就必然会促使高校教育管理的功能发生相应的变化和发展,从而使高校教育管理的价值得到增强和拓展。例如,随着计算机网络的发展及其对大学生的二重影响,高校教育管理必须加强对大学生网络活动的管理和服务,从而使高校教育管理的价值拓展到网络空间之中。

二、高校教育管理的社会价值

高校教育管理的社会价值是指高校教育管理对社会运行与发展的作用和意义,即高校教育管理的属性和功能对社会运行与发展需要的满足。高校教育管理的社会价值集中表现在它是培养又红又专、德才兼备、全面发展的中国特色社会主义的合格建设者和可靠接班人的重要手段，是构建社会主义和谐社会的内在要求。

（一）培养合格人才的重要手段

中国特色社会主义事业的发展需要数以亿计的高素质劳动者、数以千万计的专门人才和一大批拔尖创新人才。高校是人才培养的重要基地，其中心任务就是为中国特色社会主义建设培养合格的专门人才，而高校教育管理是高校人才培养工作的重要手段，在培养合格人才中发挥着不可或缺的重要作用。

1.维护正常的教育教学秩序

高校的教育教学活动总是按照一定的制度和规章有目的、有计划、有组织地进行，建立和维护正常的教育教学秩序是高校教育教学工作的内在要求和基本条件，这就需要有严格的、科学的管理，包括高校教育管理。高校教育管理在维持高校教育教学秩序中具有特殊的重要作用。在高校教育管理中，实行严格的学籍管理，按照一定的制度和规定，有序地做好有关大学生入学与注册，课程和各种教育环节的考核与成绩记载，转专业与转学、休学、复学与退学、毕业与结业等各项工作，是建立正常的教育教学秩序的基础。实施系统的学习管理，引导大学生明确学习目的，提高大学生学习的主动性和自觉性，规范大学生的学习行为，督促大学生自觉遵守学习纪律和考试纪律，形成良好的学风，是建立正常教育教学秩序的关键。加强对班级、社团等大学生群体的管理，引导大学生紧紧围绕学校的教育教学目标有序地开展班级活动、社团活动和其他课余活动，是建立正常的教育教学秩序的重要条件。

总之，高校教育管理是建立和维护正常的教育教学秩序的重要保证，没有有效的高校教育管理，就不可能有正常的教育教学秩序。

2.激励、指导和保障大学生的学习行为

高校教育教学的过程是教师与学生双向互动、"教"与"学"辩证统一的过程。其中，"教"是主导，"学"是关键，学习是大学生的主要任务，是大学生能否成为合格人才的关键。高校教育管理则对大学生的学习行为起着重要的激励、指导和保障作用。

高校教育管理对大学生学习行为的激励作用主要表现在：引导大学生充分认识学习的社会意义和个体价值，明确学习目的，以激发他们的学习动机；运用颁发奖学金和授予荣誉称号等方式，表彰学业优秀的大学生，以鼓励他们勤奋学习；把竞争机制引入大

学生的学习活动，围绕专业学习，组织各种竞赛活动，以激发大学生的学习热情。

高校教育管理对大学生学习行为的指导作用主要表现在：指导新生了解大学阶段学习的特点和要求，促使他们尽快实现从被动性学习转变为自主性学习；指导大学生根据社会需求和自身实际制定职业生涯规划，确定自己的职业生涯发展方向，明确学习目标；指导大学生掌握科学的学习方法，养成良好的学习习惯，不断提高自主学习的能力和学习效率；指导大学生积极开展社会实践活动，注重在实践中加深对专业理论知识的理解，在实践中提高自己的专业技能。

高校教育管理对大学生学习行为的保障作用主要表现在：加强资助管理，切实做好助学贷款和助学金的发放工作，组织和指导大学生的勤工助学活动，为家庭经济困难的大学生安心学习、顺利完成学业提供必要的经济支持；开展大学生心理辅导，帮助大学生克服学业焦虑等各种消极心理，以积极健康的心态对待学习；等等。

3.培养大学生的思想品德

中国特色社会主义建设所需要的合格人才不仅要具备良好的专业知识和能力素养，还要具备良好的思想品德。所谓思想品德，是指人在一定的思想体系指导下，按照社会的言行规范行动时，表现在个人身上的相对稳定的特征，它是以心理因素为基础的思想与行为的统一体。培养大学生良好的思想品德，不仅需要深入细致的思想政治教育，还需要有效的管理。这是因为良好的思想品德和行为习惯的形成有一个由他律到自律的过程。大学生各方面还未成熟，发展尚未稳定，加之每个大学生的思想基础不同，接受教育的主动性、积极性和自觉性也各不相同，因此大学生自我管理、自我约束的能力尚有欠缺并存在差异。要帮助大学生提高自理、自律水平，使他们能够自觉地遵循社会的思想规范、政治规范、道德规范和法纪规范并形成良好的行为习惯，就必须在加强思想政治教育的同时，加强对大学生各方面的管理，注重大学生日常行为规范的训练。通过高校教育管理，科学制定并严格执行各项规章制度，强化行为管理和纪律约束，使大学生的学习、交往等各方面的行为都能够按照一定的规范有序进行，不仅有助于培养大学生良好的行为习惯，还可以为思想政治教育创造良好的环境，增强思想政治教育的效果。

（二）构建和谐社会的内在要求

实现社会和谐始终是人类孜孜以求的社会理想，也是中国共产党和中国人民不懈奋斗的重要目标。党的十六大以来，我们党对社会和谐的认识不断深化，明确提出了构建社会主义和谐社会的任务。社会和谐是中国特色社会主义的本质属性，构建社会主义和谐社会是发展中国特色社会主义的基本要求和重要保证。高校教育管理作为为大学生这一特殊社会群体提供指导和服务的社会活动，在构建和谐社会中发挥着特有作用，具有重要价值。

1.高校教育管理是维护社会稳定、实现社会安定有序的重要保证

我们所要建设的社会主义和谐社会，应该是民主法治、公平正义、诚信友爱、充满活力、安定有序、人与自然和谐共处的社会。安定有序是社会主义和谐社会的内在要求和重要特征，也是实现社会和谐的基本条件。社会稳定则是安定有序的基本内容和重要表现，也是改革发展的前提。邓小平在推进改革开放的过程中，反复强调"稳定压倒一切"，没有稳定的环境，什么都搞不成。而高校稳定是社会稳定的重要条件，高校稳定的关键又在于大学生。这是因为大学生的思想尚未成熟，存在着显著的矛盾性，他们关心国家发展，关注时事政治，追求民主自由，具有较强的政治参与意识，但缺乏政治经验和社会生活经验，政治辨别能力不强，容易受到社会上错误思潮和不良倾向的影响。同时，大学生正处于青年期，情感具有强烈性，这既使大学生热情奔放、勇往直前，也使大学生易于冲动。成千上万的大学生集中在高校的校园内，如果缺乏正确的引导和有效的管理，一些不良的倾向和问题很容易在大学生中扩散开来并造成不良的社会影响。因此，切实加强高校教育管理，正确引导大学生的社会活动和政治行为，妥善解决大学生在学习、生活、交往和就业中遇到的各种矛盾和问题，及时处理各种突发事件，以保持高校的稳定，对于维护社会稳定、实现社会安定有序具有重要意义。

2.高校教育管理是构建和谐校园的重要手段

高校是现代社会中不可或缺的重要社会组织，担负着培养人才、推进科技进步、传播先进文化的重要任务。构建和谐校园是推进高校科学发展的内在要求。通过加强高校教育管理，引导和组织大学生积极发挥在和谐校园建设中的主体作用，是构建和谐校园的重要保证。高校应加强高校教育管理，建立和完善大学生参与民主管理的组织形式，引导、支持和组织大学生依法参与学校的民主管理和实行自主管理，切实维护和保障大学生在校期间享有的权利，引导和督促大学生全面履行法律规定的义务，自觉遵守国家法律和学校管理制度，有力地推进高校的民主法治建设；妥善地协调学生与学校、学生

与教师之间的关系，维护大学生的正当利益，实事求是地评价大学生的思想品德和学业成绩，公正地实施奖励和处分，正确地处理大学生中的各种矛盾和问题，使公平正义在校园中得到弘扬；督促大学生在学习考试、科学研究、人际交往和日常生活中坚持诚实守信，做到不作弊、不剽窃，引导学生尊敬师长、友爱同学、团结互助，在校园中形成诚信友爱的良好风气；充分调动大学生的积极性和创造性，围绕专业学习，开展丰富多彩的社团活动和社会实践活动，鼓励、组织和支持大学生开展科学研究、进行创造发明、尝试创业活动，使校园真正充满活力；建立和维护学校正常的教育教学秩序和生活秩序，加强大学生的安全教育和管理，保障大学生的身心健康，有效预防和妥善处理大学生中的突发事件，努力建设平安校园，使校园实现安定有序；引导和督促大学生自觉维护校园环境，节约用水、用电等，使校园成为人与自然和谐共处的生态校园。

3.高校教育管理是促进大学生集体和谐发展的重要手段

大学生党团组织、班级、学生会、社团等集体是大学生学习和日常生活的基本组织形式，直接影响着大学生的思想和行为，是大学生思想政治教育和管理的重要载体。大学生集体的和谐发展不仅直接关系着大学生个体的健康成长和全面发展，也直接关系着高校的和谐稳定和科学发展。高校教育管理包含着对大学生集体的管理，因此其在促进大学生集体和谐发展方面具有十分重要的作用。高校应加强高校教育管理，引导大学生集体自觉遵循学校的有关制度和规定，紧紧围绕学校的人才培养目标和大学生成长成才的需要，积极开展丰富多彩的集体活动，充分发挥大学生集体在大学生自我教育、自我管理中的作用，促进大学生集体发展与学校发展的和谐与统一；切实加强大学生集体的思想建设、组织建设、制度建设和作风建设，引导大学生增强集体意识，主动关心集体发展，积极参与集体活动，弘扬团结互助精神，不断增进同学友谊，注重相互沟通与交流，及时化解各类矛盾，促进各类大学生集体自身的和谐发展；引导大学生党团组织、班级、学生会、社团等各类大学生集体正确处理相互之间的关系，加强相互之间的沟通和协调，做到相互配合、相互支持，形成大学生自我教育、自我管理的合力，促进各类大学生集体的相互和谐与共同发展。

三、高校教育管理的个体价值

高校教育管理的个体价值是指高校教育管理对大学生个体成长与发展的作用和意义，即高校教育管理的属性和功能对大学生个体成长与发展需要的满足。高校教育管理的个体价值主要表现在引导方向、激发动力、规范行为、完善人格和开发潜能等方面。

（一）引导方向

高校教育管理具有突出的导向功能，对大学生的成长和发展起着重要的导向作用。高校教育管理的导向作用主要表现在以下三方面：

1. 引导政治方向

政治方向是政治立场、政治观念、政治态度、政治品质和政治信念的综合体，是人的素质中的首要因素，决定着人们思想和行为的基本倾向。我们党历来强调在人才培养上必须把坚定正确的政治方向放在第一位。当今世界，随着经济全球化和信息技术的迅速发展，国际政治斗争趋于复杂，西方意识形态的渗透日益加剧。引导大学生确立坚定正确的政治方向，即坚持中国特色社会主义的方向，是高校一项极为重要又十分紧迫的任务。要实现这一任务，首先要加强大学生的思想政治教育。高校教育管理的社会属性决定高校教育管理必然具有鲜明的政治方向性，并对学生的政治方向发挥引导作用。加强高校教育管理，严格执行《普通高等学校学生管理规定》，引导和督促大学生自觉遵守《高等学校学生行为准则》（教育部教学〔2005〕5号），加强对大学生的行为尤其是政治行为的管理和指导，引导大学生正确行使依法享有的政治权利，防止和抵制各种腐朽意识形态对大学生的影响，及时纠正校园中出现的错误倾向，维护和保障校园的政治稳定和政治安全，对于引导大学生坚定正确的政治方向无疑具有重要作用。

2. 引导价值取向

价值取向是指人们基于自己的价值观在面对或处理各种矛盾、冲突、关系时所持的基本价值立场、价值态度以及所表现出来的基本价值倾向。价值取向决定和支配着人的价值选择，制约着人们思想和行为的方向。现阶段，我国的市场经济在促进社会生产发展和人们思想观念更新的同时，其盲目性和滞后性也容易诱发人们产生利己主义、拜金主义和享乐主义的价值观念；随着经济全球化的发展和我国国际交往的扩大，西方的各种价值观念逐渐渗透进来。因此，引导大学生掌握社会主义核心价值体系、坚持正确的价值取向有着尤为重要的意义。鲜明的价值导向是高校教育管理的一个显著特点。高校教育管理通过坚持和贯彻体现社会主义核心价值体系的管理理念，制定和执行以培养社会主义事业的合格建设者和可靠接班人为根本宗旨的管理目标体系和管理规章制度，对大学生的价值取向发挥重要的引导作用。

3.引导业务发展方向

高校应引导大学生确定既符合社会需要，又符合自身实际的奋斗目标，明确业务发展的方向，引导他们把自己的主要精力和时间投入实现既定目标的业务学习和实践活动之中，从而促进他们早日成才。高校教育管理在引导大学生业务发展方向方面的作用集中表现在：通过对大学生学习活动的指导，引导大学生根据相关专业的要求和自己的兴趣爱好确定专业学习的目标，从而明确在专业学习方面努力的方向；通过对大学生职业生涯规划的指导，引导他们根据社会需求、职业发展的趋势和自身的主观条件与愿望确定自己的职业理想，从而明确自己职业生涯发展的方向。

（二）激发动力

高校的系统教育为大学生的成长和发展提供了良好的条件，而大学生的健康成长和全面发展，关键在于大学生自身的主观努力，即主观能动性的发挥。因此，要促进大学生的成长和发展，就必须激发大学生的内在动力，充分调动他们的主动性和积极性。高校教育管理具有显著的激励功能，在激发大学生内在动力方面具有突出的作用。高校教育管理对大学生的激励作用主要通过以下三种路径实现：

1.需要激励

需要是人的行为动力的源泉，是行为动机产生和形成的基础。人的积极性能否发挥及其发挥的程度，归根到底取决于其需要能否得到满足以及满足的程度。高校教育管理坚持"以人为本"的管理理念和"服务学生"的管理原则，关心大学生的实际需要，维护大学生的正当利益，扎扎实实地为大学生的成长和发展提供各方面的指导和全方位的服务，因此也就必然会对大学生发挥重要的激励作用。

2.目标激励

人的行为总是指向一定目标的,目标是人们期望达到的成果和成就,能够激发人的内在积极性,鼓励人们奋发努力。人们把目标的达成与满足自身需要的价值看得越大,目标能够实现的可能性越大,目标的激发力量也就越大。高校教育管理遵循社会发展要求与大学生发展需要相统一的原则,科学地制定管理的目标,着力引导大学生根据社会需要和自己的兴趣爱好、主观条件合理地确定自己的学习目标和发展目标,从而对大学生发挥重要的激励作用。

3.奖惩激励

奖励和惩罚是高校教育管理的重要方法,其目的就是通过运用正、负强化手段,控制大学生行为结果的反馈调节机制,以维持与增强大学生努力学习和践行大学生行为准则的主动性及积极性。奖励是通过奖赏、赞扬、信任等褒奖形式来满足大学生的需要,使其感到满足和喜悦,从而更加奋发努力的正强化手段;惩罚是通过造成被惩罚者对某种需要的不满足而使其感到痛苦和警醒,从而变消极行为为积极行为的负强化手段。高校教育管理通过恰当地运用奖励和惩罚,鼓励先进,鞭策后进,激励大学生奋发努力。

(三)规范行为

高校教育管理的一项重要任务就是要科学制定和严格执行各项管理规章制度和纪律,以规范大学生的行为,促进其养成良好的行为习惯。高校教育管理在规范大学生行为方面的作用主要通过以下三种路径实现:

1.加强制度建设

制度建设是高校教育管理的重要内容。高校教育管理依据社会发展要求、人才培养目标和大学生健康成长与发展的需要,科学制定和不断完善各项规章制度,使大学生明确应该做什么、不应该做什么,应该怎么做、不应该怎么做,并引导和督促大学生规范自己的行为,逐步形成文明的行为方式。教育部于2005年颁布的《高等学校学生行为准则》和教育部于2016年修订、2017年9月1日施行的《普通高等学校学生管理规定》,是现阶段高校教育管理的基本规章制度,为规范大学生行为提供了基本的规定和准则。

2.严格纪律约束

纪律是一定的社会组织为实现组织目标而要求其全体成员必须共同遵守并富有组

织强制力的行为规范。它是建立正常秩序、维系组织成员共同生活的重要手段，是完成各项任务、实现组织目标的重要保证，是高校教育管理中不可或缺的重要手段。在高校教育管理中，通过严格执行学习、考试、科研、集体活动、校园生活、安全保卫等各方面的纪律，以约束和调整大学生的行为，并对其违纪行为及时做出恰当的处罚，可以有效地引导和规范大学生的行为，促进其良好行为习惯的养成。

3.引导自我管理

自我管理是高校教育管理的重要路径。自我管理的一项重要内容就是激发大学生的自觉性和主动性，引导大学生自觉遵守管理制度，主动地用体现社会要求的大学生行为准则规范自己的行为，实行自我约束和自我监督。这种自我约束和自我监督既表现在大学生个体的自我管理中，也表现在大学生群体的自我管理中。在大学生班级、宿舍、社团等群体的管理中，充分发挥大学生的主体作用，引导大学生在民主讨论的基础上形成全体成员共同遵守的规章制度，并相互监督执行，不仅有助于营造良好的群体氛围，实现群体的目标，而且有助于提高全体成员规范和约束自己行为的自觉性。

（四）完善人格

人格是一个人所具有的稳定而统一的心理特征的总和。通俗地讲，人格就是一个人的品格、思想境界、情感格调、行为风格、道德品质、精神面貌等。人格既是个人发展状况的集中表现，也是个人发展的内在主观条件。人的全面发展内在地包含着人格的健全和完善。高校教育管理以促进大学生的全面发展为根本目的，因此必须注重培育大学生健全的人格，以促进他们形成崇高的精神、高尚的道德品质、积极健康的心理品格。高校教育管理在完善大学生人格方面的作用主要表现在以下两方面：

1.优化环境影响

环境是影响大学生人格形成和发展的重要因素，对大学生的人格具有陶冶和感染的重要作用。高校教育管理在营造良好的校园环境方面具有重要作用。高校教育管理通过制定和执行合理的规章制度，建立和维护正常的校园秩序；通过有效的学习管理和班级管理，促进良好学风和班风的形成；通过对大学生交往活动的管理和引导，优化校园的人际环境；通过对大学生网络活动的管理和指导，净化校园的网络环境；通过对大学生社团与大学生课余活动的管理和指导，形成积极向上、丰富多彩的校园文化生活环境；

通过对大学生生活园区的管理和大学生日常行为的指导，为大学生营造安定有序、文明健康的日常生活环境；等等。

2.指导行为实践

实践是大学生人格形成和发展的基本途径。大学生所接受的各种教育，只有在实践中通过自己的亲身体验，才能真正为他们所理解、消化和吸收。大学生行为习惯的养成、实践能力的提高等，更是其自身长期实践活动的结果。因此，高校教育管理通过对大学生行为和实践活动的管理和指导，对大学生人格的完善发挥重要作用。

（五）开发潜能

人的潜能是指人所具有的，有待发掘的处于潜伏状态的能力，包括人的生理潜能、智力潜能和心理潜能。人的潜能是人的现实活动力量的潜伏状态和内在源泉，人的能力的发展在一定意义上，也就是开发潜能，使之转化为现实活动力量，即显能的过程。人的潜能是巨大的。美国著名心理学家威廉·詹姆斯认为一个正常人还有90%的潜能尚未利用。由此可见，人的潜能的开发具有十分广阔的前景。大学生正处于成长和发展的关键时期，着力开发他们身上所蕴藏的丰富潜能，将他们内在的潜能转化为从事社会建设的实际能力和现实力量，是大学生培养工作的重要任务。高校教育管理作为大学生培养工作的重要组成部分，在开发大学生内在潜能方面发挥着重要作用。高校教育管理在开发大学生潜能方面的重要作用主要通过以下三种路径实现：

1.指导学习训练

学习和训练是开发潜能的基础。只有通过系统的学习和训练，掌握必要的知识和方法，才能使潜能得到正确的、有效的开发。高校教育管理通过对大学生学习活动的管理和指导，引导大学生确立正确的学习目的、掌握科学的学习方法，不仅可以充分发掘大学生在学习方面的潜能，以提高他们的学习能力，而且可以促进大学生系统地掌握专业理论知识和方法，使他们在专业方面的潜能得到开发和发展。

2.运用激励机制

激励是开发潜能的重要手段。激励机制可以充分调动人的主观能动性，打破人安于现状的消极心态，振奋人的精神，转变人的态度，激发人的兴趣，调整人的行为模式，从而达到开发潜能的目的。激励是高校教育管理的重要手段。高校教育管理通过运用激励机制，引导大学生明确努力方向和成才目标。奖励成绩优异、表现突出的大学生，可以调动大学生的主动性和积极性，激发他们奋发向上的进取精神，促进他们不断地开发自身内在的潜能。

3.组织实践活动

实践是潜能转化为显能的中介和桥梁。人的潜能只有在实践中才能逐步显现出来，并得到真正发挥，从而转化为显能。高校教育管理通过支持和指导大学生的社团活动和社会实践活动，鼓励和引导大学生的科技服务和科技创新活动等，为大学生提供丰富多样的参与实践活动的机会，使他们的潜能在实践中得到开发和发展。

第三节 高校教育管理的原则

高校教育管理的原则是高校教育管理必须遵循的基本准则。高校教育管理原则主要依据高校教育管理的内在规律、实践经验及党的路线、方针、政策确定。在新形势下，高校教育管理原则主要包括方向性、发展性、激励性和自主性等。

一、方向性原则

高校教育管理坚持方向性原则，主要涉及培养什么人、如何培养人的根本性问题。高校教育管理是高校办学的重要方面，是学校育人环节的重要一环。社会主义大学的主要目标是培养社会主义事业的合格建设者和可靠接班人，高校教育管理工作直接影响这一目标的实现。

方向性原则是指确定高校教育管理目标，进行高校教育管理活动，要与高校育人工作的总目标相一致，要与党和国家的教育方针、政策和法律法规中规定的教育目标、管理目标等相一致。

方向性原则是高校教育管理中具有决定意义的原则。只有坚持这一原则，才能确保高校教育管理的正确方向，才能有利于培养全面发展的社会主义事业的合格建设者和可靠接班人。坚持方向性原则，是由高校教育管理的社会属性决定的，也是对我国高校教育管理历史经验的总结。

在高校教育管理中坚持方向性原则，关键是要做到以下三点：

第一，增强管理者的政治意识。高校教育管理是具有鲜明的政治方向、价值导向的。任何高校教育管理都是为一定社会、阶级服务的。然而，在高校教育管理理论和实践中，往往存在着忽视管理的政治功能和价值导向的现象，一些人甚至认为高校教育管理没有方向性可言。因此，体现高校教育管理的方向性，首要的问题就是增强管理者的政治意识，促进管理者有意识地在管理过程中思考管理的政治方向和价值导向。管理者要把方向性要求贯穿在高校教育管理全过程和具体的活动中，引导大学生积极投身改革开放和社会主义现代化建设，在为祖国、为人民的不懈奋斗中实现自己的人生价值。

第二，以制度的合法性体现管理的政治导向性。坚持方向性原则，就必须自觉接受党的领导，其核心是坚决贯彻党的路线、方针、政策。学校的各项制度就是贯彻党的路线、方针、政策的主要载体，是政治方向、价值导向等的具体体现。因此，学校层面制定的高校教育管理各类相关制度，一定要与国家的法律法规相一致。通过合法制度来保障高校教育管理的方向性，要注重把方向性原则融入制度建设和执行的全过程，使大学生坚定社会主义的理想信念，在实践中成长成才。

第三，按时代需求及时调整管理目标。坚持方向性原则不仅体现在政治方向上，而且体现在管理是否能为党和国家的中心任务服务。在不同时期，党和国家的任务是不同的，对人才的需求也是不同的，这就要求高校教育管理紧扣时代主题，不断调整管理目标，创新管理模式。目前，发展是时代主题，经济建设是党和国家的中心任务，要根据这一中心任务制定具体的高校教育管理目标。

二、发展性原则

高校教育管理坚持发展性原则，包括两方面的内容：一是管理工作本身要不断发展，二是通过管理促进学生的全面发展。从管理工作本身来看，随着我国社会政治、经济、文化的不断发展，社会生活发生了复杂而深刻的变化，高校教育管理工作的形势、环境、对象、任务也发生了深刻的变化，这就要求管理的体制、机制不断变化，管理方式、目标、途径及时调整，以确保高校教育管理工作的实效。

通过管理促进学生全面发展，关键是做到以下三点：

第一，树立发展意识。思想是行动的先导，有什么样的发展理念，就会有与之相应的管理方式和结果。传统的高校教育管理重管理，把管住学生作为管理的出发点。个别管理者往往以强硬的制度规范、约束学生的行为，以训诫、命令代替沟通。这些方式往往会伤害大学生的自尊心，挫伤大学生的自主性，有悖于大学生的全面发展。高校教育管理坚持发展性原则亟须转变传统的观念，要有意识地把大学生的全面发展作为管理活动开展的前提。高校教育管理应打破思维定式，以新的发展观念指导管理决策，制订管理计划，谋划大学生的全面发展。

第二，不断推动管理创新。通过管理促进大学生的全面发展，需要同时注重管理本身的发展，而管理的发展实际上是创新。服务于大学生全面发展的管理创新就是在遵循高校教育管理规律的基础上，与时俱进，坚持继承与创新相结合，创造性地开展工作，促进大学生全面成长和成才。目前，高校教育管理的机制、途径、方法和载体都是在过去的环境条件下，针对过去的情况产生的。但是随着社会经济的迅速发展，高校教育管理面临着新情况、新问题，大学生在思想上出现了困惑，在观念上呈现多元化特点。如果固守原有的管理方法必然不能较好地适应今天的需要，解决不了今天的问题。为此，创新高校教育管理工作成为时代和社会赋予高校的重任。

第三，统筹资源，形成促进学生发展的合力。一直以来，高校教育管理工作都强调高校学生管理包括管理学生和服务学生两大方面，但在具体操作上管理却总是多于服务。实践证明，把职业生涯规划、生活帮扶、大学生就业指导、心理辅导等贯穿管理始终更易于发挥大学生的主观能动性、激发大学生的创造性，从而促进大学生的发展。高校教育管理要理顺学校各管理部门的关系，通过部门间的相互协调、相互联系，将组织内部各个要素联结成一个有机整体，使人、财、物、信息、资源等得到最佳配置，形成促进大学生发展的合力。

三、激励性原则

激励性原则，是指在高校教育管理中利用一定的物质手段或精神手段，引导学生思想行为的变化，调动学生的积极性、创造性，使学生的潜能得到最大限度的开发，从而实现管理目标的基本准则。在高校教育管理中，恰当运用激励性原则，能够使管理活动更易于学生接受，更好地实现管理目标。

激励效果的好坏取决于在激励过程中采取的手段、方式能否针对大学生的发展实际，能否满足大学生的需要，能否在大学生内心形成自我激励的内在动力等。因此，在高校教育管理中贯彻激励性原则，关键是做到以下三点：

第一，运用正向激励手段。高校在学生管理过程中科学、合理地运用激励机制，有助于调动大学生的能动性和创造性，改变大学生的观念、行为。正向的激励主要有两种：一种是物质上的，主要指金钱或实物，物质利益的需求和满足是人生存和发展的一个必备条件，对大学生进行一定的物质激励有助于调动大学生的积极性、主动性；另一种是精神上的，主要指通过各种形式的表扬，给予大学生一定的荣誉。正向的激励有助于大学生将外部的推动力量转化为自我奋斗的动力，充分发挥自身潜能，从而有效地激励大学生成长成才。在高校教育管理中，要协调好物质激励和精神激励的关系，依据大学生的实际情况采取相应的激励手段，以确保管理效果。

第二，树立榜样激励。榜样使人有目标、有方向。因此，高校要善于树立榜样、培养榜样、宣传榜样，并鼓励学生学习榜样、争做榜样、成为榜样。

第三，采取情感激发的方式。情感，是人格发展的诱因，是青年追求美好生活的动力。要确保管理目标的实现，一般都要有感情的催化。当管理者与大学生平等相待、敞开心扉、相处愉快时，管理活动就比较容易开展；当双方针锋相对、互不理解时，大学生往往会产生抵触情绪，管理效果就会打折扣。因此，管理者不仅要以制度约束人，而且要以真情感染人，注重沟通，消除疑虑，用欣赏的眼光去看待大学生，使每一个大学生的需求得到尊重、疑惑得到解决、特长得到发挥。

四、自主性原则

自主性原则是指高校在进行教育管理时，使大学生参与管理过程，充分调动大学生的积极性和创造性，进行民主管理，实现自我管理和自我服务。高校教育管理遵循自主性原则，一方面有利于育人目标的实现。管理的目标是育人，这就要求将外在的行为规范转化为内在的思想观念，从而支配管理对象的行为。如果不调动大学生的主观能动性，大学生就难以接受管理，管理的实效性就难以发挥。另一方面有利于满足大学生自主管理的现实需求。随着我国社会主义市场经济体制的不断完善，高等教育逐步走向经济社会发展的前台，市场经济的自主、平等、竞争、法治精神对高校师生的影响不断深化，大学生自主意识不断增强，渴望在各项事务管理中充当主角，自己管理自己，充分发挥主观能动性，实现自我管理、自我服务。

在高校教育管理中坚持自主性原则，关键是要做到以下三点：

第一，唤醒大学生的自主管理意识。高校教育管理要营造轻松、愉快、快乐的氛围，使大学生的自主需求得到尊重，同时要使大学生体会到自主管理的成就感，享受自主管理收获的成果。

第二，打造大学生自主管理平台。辅导员要抓好班委会、团支部、学生会等以学生组织为载体的自主管理平台，增强凝聚力、吸引力，建立定期流动机制和激励机制，充分保证大学生广泛地参与自主管理。辅导员要敢于充分"放权"，敢于把高校教育管理工作交给学生，实现大学生的自我管理、自我服务。

第三，加强对大学生自主管理的指导。自主管理不等于放任自流，只有加强对自主管理的指导，才能保证管理的方向和实效。为了保证管理的方向和实效，需要把握以下四方面：明确方向，定准目标，告诉学生工作要达到的程度和要取得的效果；定好标准，明确思路，告诉学生怎样开展工作；做好监督，对学生的工作情况进行跟踪观察，时刻关注工作进展；及时反馈，帮助学生及时调整方向，确保学生工作在正确的轨道上进行。

第二章 高校教育管理的内容

第一节 高校学生管理

近年来，我国的高等教育事业实现了跨越式发展，造就了大量社会主义现代化事业所需要的专门人才。但是，由于高校连年扩招、学生数量增长迅速等，高校学生管理也面临着不少新的情况，急需高校学生管理者总结经验、探索更为恰当的学生管理模式。

一、高校学生管理的含义

纵观学者对"高校学生管理"这一概念的界定，本书认为大体可以将学界中对"高校学生管理"这一概念的各种解释分为两类：狭义的高校学生管理和广义的高校学生管理。狭义的高校学生管理，特指高等学校对学生的事务管理和日常管理。广义的高校学生管理，是指高等学校对学生从入学到毕业期间这一在校阶段的，包括学习、生活和行为规范等在内的方方面面的管理。

广义的高校学生管理的概念在当下发展阶段，更符合高等学校对学生管理的发展趋势。在新时代的背景下，普通高校学生管理的内容日益扩大，不仅涉及对学生日常行为的管理，更牵涉对学生在学习和生活上等各个方面的有效管理。其中任何一个方面的疏漏都有可能影响高校进行学生管理的水平和质量，影响学生更好、更优地成长、成才，从而导致学生以后的人生道路崎岖不平。所以，采用广义的高校学生管理的概念在新时代更有利于学生的身心健康和全面发展。

高校是教书育人的主阵地，对于学生思想观念和人生规划等具有重要的影响，只有坚持以学生为本的管理理念，才可以协调好各方面的关系，更好地促进学生的全面协调发展。高校学生管理要坚持学生的主体地位，在充分尊重学生的基础上更好地尊重和服务学生，让学生在强烈的信任感和好奇心的基础上更好地学习和发展；要能够了解学生的想法，掌握学生的个性，了解学生的情感，尊重学生的想法，不断发现学生身上的潜力与"闪光点"，按照学生个性因材施教，培养出具有创新精神的新时代大学生。学生管理工作的开展还要充分发挥学生的主观能动性，努力促进学生实现自我管理和相互学习，最大限度地发挥学生自我管理的积极性。

当前很多高校的学生管理都是通过制度对学生行为进行规范和约束，没有很好地从学生的角度出发，因此很容易造成学生的逆反心理。以生为本就是要求高校学生管理工作者真正做到尊重每一个学生，不要因为学生的个性差异而区别对待，能够关注每一名学生在学习、生活中所遇到的困难，关注学生的心理，尊重学生思想理念的差异，认真对待每一名学生提出的建议，从根本上解决每一名学生无论是生活上还是心理上的实际困难。这些都需要我们建立和完善目前的高校学生管理体系，更新学生管理理念，创造一个良好的校园氛围，提供一个学生自我管理和自我教育的平台。但是，我们要注意，尊重学生并不是任由学生自我发展，对于学生在校期间的违规违纪行为，我们要及时纠正；对学生的错误言谈举止进行批评、教育。对于学生，我们要在思想和学习上关心他们，让他们能够通过思想引导和专业教育，加深对学习的兴趣，自我规划，树立学习目标；要在生活上关心他们，让大学生享受到国家对于大学生的各项优惠政策。良好的校园文化氛围是学生成长、成才的必备条件。高校学生管理工作者应根据学生自身发展的需要，时刻关心他们的成长，多鼓励学生参加活动，为学生成才提供各种平台。这样学生就能不断地在思想上提升自己，在学习中充实自己，在生活中完善自己，为自己的目标实现、自我提升和全面发展奠定扎实的基础。

高校要坚持从学生中来到学生中去的管理理念和思想，并将这种理念和思想落实到教育管理的每一个细节中，使得学生管理是真正服务于学生，而高校在学生成长学习的过程中则充当好服务的角色。同时我们必须认识到，管理不仅仅是服务，管理也在培育人才。这就对高校学生管理者提出了新的要求，要求他们尊重个体差异，激发学生的创造力，为学生构建良好的校园文化平台，创建良好的学习氛围，从学生的实际生活、学习需求出发，关心学生生活、学习的各个方面，并将所有的管理措施落到实处，切实服务学生，为学生办实事，在生活和学习方面提供更多的帮助。高校学生管理工作应坚持以学生为本，从管理艺术的角度出发逐步建立起公平公正的管理环境，让学生与学校管理者之间建立相互平等的良好关系。高校学生管理者既要做好日常的行为管理工作，又要处理好与学生之间的关系，注意管理的方式方法，减少矛盾发生。只有从学生的主体出发，才能够真正地为学生着想，更好地去帮助和引导学生，鼓励和促进学生更好地发展。学生的健康成长和发展离不开管理者的正确引导和鼓励，有时候多一点理解关心胜过多一点训斥说教，方法有时候比实际管理行动更重要。高校要加强对学生的全方位管理，加强素质教育，构建学生自我展示的舞台，让学生自觉自愿地参与学校规定的各项工作，激发学生的创造力，提高学生的积极性，赋予学生强大的责任感，促使学生德智体美劳全方位发展，成为国家和社会所需要的高素质的全面人才。所有这些工作目标都是高校学生管理工作内涵的具体体现。

二、高校学生管理的作用

无论对什么样的学校来说，学生都是其中的绝对主体，因此任何和学生相关的事情都是学校必须予以高度重视的，而高校作为学生经历的各个教育场所中层次最高的，其中的学生年龄最大且自主性最强，因此需要学校的领导者和管理者运用合适的方法对其进行管理，以尽可能在学生的学习和生活中找到平衡，让学生在校园中体会到自己在社会中的定位。高校学生管理的作用具体表现在以下两个方面：

（一）高校学生管理对高校学生能力的培养

高校是对人才进行培养的一个重要场所，这就决定了高校的各项工作都必须围绕着人才培养来展开。因此，在开展高校学生管理工作时，要确保其具有培养、增强高校学生能力的积极作用。例如，在开展高校学生管理工作时，高校可以通过引导学生参与社会实践活动来促进其社会实践和社会活动能力的提升。

（二）高校学生管理对高等教育改革的推动

自改革开放以来，我国高等教育事业获得了巨大发展，培养出无数优秀的合格人才。但是，由于受到多方面原因的影响，高等教育与社会主义事业的发展仍在一定程度上存在脱节现象，这就决定了高等教育的发展必须立足我国社会主义建设的发展现实，积极对高等教育的思想、内容、方法以及学生管理工作等进行改革。事实上，有效的高校学生管理及其改革，能在很大程度上促进高等教育改革的深化。

三、高校学生管理的具体方式

高校学生管理是高校对学生从入学到毕业在校阶段的管理，涉及的内容很多，其中较为主要的有以下几个方面：

（一）德育管理

高校在开展学生管理工作时，德育管理是一项十分重要的内容。所谓高校学生的德育管理，就是高校根据高校学生的身心发展特点和品德形成规律，有目的、有计划、有组织地对高校学生的心理施加系统的影响，把一定的思想和道理转化为高校学生个体的思想品德的过程。也就是说，高校在开展学生管理工作时，要注意与德育相结合。

（二）学习管理

高校学生的学习管理，就是高校按照一定的专业教育标准，有目的、有计划地对高校学生进行专业教育，使其最终成长为具有丰富、系统的专业知识与技能的合格人才。具体来说，以下三方面的学生管理工作是高校必须具备的：

其一，对学生的学习能力和知识掌握的管理；

其二，对学生的其他能力和技能掌握的管理；

其三，对学生的智力发展和生活自主的管理

（三）学籍管理

高校学生的学籍管理，指的是对高校学生（通过合法渠道获得该学校的入学与学习资格的学生）在校园内的一系列会对学业、毕业情况造成影响的行为与事件的管理，其中包括记录学生在考试中取得的成绩、学生在经历一个学期的学习后的升级或留级或降级情况、学生由于在校内或者校外的行为而受到的奖励与处分等。学校在对学生的学籍进行管理的时候不但要符合国家制定的法律法规当中的相关内容，而且要遵循科学性原则、符合教育理念，根据学校一贯的教育方针和教育界最新的教育成果以及每个不同学生的特点，以做到在管理方面符合每个学生的身心发展规律，只有在合适的管理规范与制度下，管理工作才能良好展开。具体来说，高校学生的学籍管理要做好以下几个方面的工作：

其一，做好大学新生的入学审查。

其二，做好高校学生在学习过程中的成绩管理。这对于了解和掌握教师的教学质量和学生学习情况有很大帮助，如果能够在教学过程中找到原有方法的不足之处并且加以改进，那么对学生的主动学习能力的提升是很有好处的。

其三，虽然学生在高校学习的目的除了丰富自身的知识储备并提升自身的学习技能与其他能力之外，同样重要的就是获得毕业证明作为日后工作的敲门砖。因此，高校要尽量保证每个学生都能在经历学习后得到满意的结果，在关于学生是否有资格获得毕业证书的审查中应保证严格而不苛刻。

（四）生活管理

在高校学生管理工作中，高校学生生活方面的管理是一项十分重要的内容。高校学生的生活管理不仅关系着高校学生的身心能否得到健康发展，而且关系着高校学生能否建立正常的学习、生活和工作秩序，还关系着高校的人才培养目标能否得到有效实现。因此，高校必须对学生的生活管理予以足够的重视。

高校学生的生活管理，从内容方面来说应包括对高校学生在校期间的一切生活活动的管理，如饮食管理、起居管理、着装管理、健康管理等。

（五）行为管理

高校学生的行为管理，也是高校学生管理的一项重要内容。所谓高校学生的行为管理，就是高校要对学生的日常行为进行指导、监督、检查及纠正，以引导高校学生切实形成良好的行为。这里需要特别指出的一点是，在对高校学生的行为进行管理时，要特别注重引导高校学生形成健康的道德行为，这对于保证其身心的健康发展具有重要的作用。

（六）体育管理

高校学生要想成才，为社会主义现代化建设做出贡献，首先要具有健康的身体。因此，在高校学生管理工作中，高校学生的体育管理也是一项不可忽视的内容。

所谓高校学生的体育管理，就是高校组织、指导高校学生按照一定的体育锻炼标准进行体育锻炼。体育锻炼必须要有计划性和组织性，任何锻炼行为都要有其目的，只有这样的锻炼才是有效果的，又能逐步增强学生的身体素质。此外，高校学生的体育管理要想取得良好的成效，应特别注意以下几个方面：

第一，高校学生的体育管理必须与高校学生的身心特点相符合。

第二，高校学生的体育管理必须与教育规律相符合。

第三，高校学生的体育管理必须与体育管理原则相符合。

第四，高校学生的体育管理要尽可能以最少的投入来获得最佳的体育效益。

（七）课外活动管理

高校学生的课外活动管理包括高校学生在校内的课外活动管理和在校外的课外活动管理。在具体开展这一管理活动时，要特别注意以下几个方面：

第一，学生的课外活动不能是漫无目的、信马由缰的，而应该是具有相当的目的性和意义性的，管理者应当确保学生的课外活动远离低俗、不健康的内容，让学生在放松身心的课外活动中既能消除日常学习带来的疲倦，又能陶冶情操、拓宽眼界。

第二，要确保课外活动能够提高高校学生的思想政治觉悟，为形成高校学生的科学世界观和共产主义道德品质奠定基础。

第三，要确保课外活动能够使高校学生获得较多的人际交往能力，以有效培养高校学生的人际交往能力和适应社会的能力。

第四，要确保课外活动能够有效培养和发展高校学生的兴趣爱好，发挥高校学生的特长。

四、高校学生管理的关系处理

在开展高校学生管理工作的过程中，要确保该项工作取得良好的成效，需要处理好以下两个方面的关系：

（一）学生管理与规章制度

高校学生管理的有效实施与实现，离不开合理的规章制度的支持。当前，教育部以党和政府的教育方针、青年高校学生成长的特点以及长期以来的工作经验为基础，制定并颁布了《普通高等学校学生管理规定》，切实明确了如何科学地管理高校学生。与此同时，各高校也以自身的实际发展情况为依据，制定了适合自身的规章制度，以对本校学生进行科学的管理。

此外，在高校学生管理实践中对各种规章制度进行运用，可以发现规章制度中的不合理、不完善之处，从而促使与高校学生管理相关的规章制度不断丰富和完善。

（二）学生管理与思想政治教育

在开展高校学生管理时，如果只强调严格管理而忽视思想政治教育，或只强调思想政治教育而置照章管理于不顾，只能导致高校学生管理以及思想政治教育都无法达到预期的成效。因此，在开展高校学生管理工作时，必须积极与思想政治教育相结合，以促使高校的学生管理工作真正步入正轨，继而在高校管理以及学生培养方面发挥更大的作用。

第二节　高校教学质量管理

高校培养出来的人才将直接接受国家、社会、岗位以及人民的检验。反过来说，高校的教学质量直接影响着人才的培养质量。

一、高校教学质量管理的含义

所谓高校教学质量管理，就是指对形成教学质量的全过程以及各个环节进行管理，同时将有关人员组织起来，另外还要将影响教学质量的多种因素进行调控，从而保证在形成教学质量的过程中减少差错，并且逐渐提高教师的"教"和学生的"学"的质量。

由此可以看出，进行有效的教学质量管理是提高教学质量的一个重要途径。在当代社会中，越来越多的人开始认识到，考试分数不能反映教学质量的全部，教学质量体现在教师的"教"和学生的"学"的全过程。从这个角度来看，对于整个教学过程的管理就显得尤为重要。客观来说，教学质量的形成与产品质量的形成有着本质上的区别，考试也不能等同于产品的事后检验。然而，工作质量决定产品质量的基本原理，对生产和教学则是通用的。从这个角度来看，教学质量管理的重点应当放在平时的形成教学质量的全过程以及各个环节之上，而不是放在考试之上。

二、高校教学质量的特点

对于一所高校而言，要想有效地实施教学质量控制与管理，就必须首先认识到教学质量的性质与特点。从根本上来说，教学质量就是一所学校所培养出的人才的质量。而人才作为学校的"产品"，与物化部门的产品质量相比是有本质区别的。以下就是高校教学质量所体现出来的特点：

（一）内隐性

一般来说，工业生产的质量可以通过其产品的质量来进行检测。例如，对于生产出来的玻璃砖，可以通过技术手段检测其承压力、透明度、光滑度、耐磨度等，以检测结果来反映玻璃砖的质量。但是，对于培养人才的教学活动的质量，就难以做出这样明确的、直观的判断，也难以用某种具体的技术手段测量出结果，尤其是人的政治思想、道德品质、心理素质等方面更是难以量化。由此可见，教学质量具有内隐性的特点。

（二）综合性

教学质量的综合性是针对教学质量的影响因素来说的。学生是社会中的人，其始终是在开放的社会环境下成长的，因而影响学生质量形成的因素十分广泛复杂，其不是学校单方面就可以控制的。具体来说，学生身心发展质量的形成是遗传、环境、教育以及学生自身主观努力等多种因素交互作用、耦合而成的结果。从这个角度来看，教学质量具有综合性的特点。

（三）不可贮存性

物质产品可以通过一些技术手段的处理，如控制空气、温度、湿度等外在条件，而相对地存贮和保持更久的时间。客观来说，影响人的存在的因素具有开放性、广泛性和变化性的特点，因此人的身体、思想、观念、心理、知识、技能、智力、品德等都处在一个不断发展变化的过程中。当人所处的环境发生变化时，人自身也会随之而变。因此，人经过一段时间教育培养和环境影响所形成的人的质量与物质产品的质量是有着本质区别的，不具有贮存性，不可能一成不变地被封闭或贮存起来。

综上所述，教学质量具有不可贮存的特征。具体而言，学生已经形成的品质不可能被贮存起来，不再发生变化。

（四）灵活性

教学质量的灵活性是针对教学质量的形成过程而言的。教学质量的形成是没有固定单一的模式可以遵循的。教育者必须针对不同学生的年龄特征和个性特点，机动灵活、有的放矢地因材施教。正因为如此，整个教育教学过程就充满了创造性和灵活性。

教学方法是多种多样的，但并不存在一种适合任何教学情境和教学内容的教学方法。从这个角度来看，如果教师能够恰当灵活地选取适当的教学方法，就更容易取得良好的教学效果。

综上所述，教学质量的形成并非只有固定、单一的途径。从复杂性理论的视角来看，教育是人类社会特有的更新再生系统，是一个由有序性和无序性、线性和非线性、理性和非理性相互交织而构成的复杂的巨系统。在教学质量的形成过程中，同一种方法可能会导致不同的结果，不同的方法也可能会导致同一个结果。

三、高校教学质量管理的内容与分类

（一）高校教学质量管理的内容

高校教学质量管理是一个复杂的系统。具体来说，要做好教学质量管理工作，必须做好以下几个方面的工作：

第一，要对学校各个职能部门、各个教研组、各个班级的教学质量管理实施状况进行定期或不定期检查，以便对影响教学质量的各种因素进行有效的调控。

第二，在教学质量管理的具体实践操作中，必须做到及时发现、总结、交流、推广先进经验，同时表彰先进模范，督促后进。

第三，对于形成教学质量的情况，需要做到心中有数，依靠数据说话，而不能仅仅停留在用个别的案例来说明问题的水平上。

第四，在每学期开学前，教学质量管理人员要在总结上学期经验的基础之上，提出下一学期各科教学质量的具体要求，并制订相应的实施计划。

第五，在每个学期末，每个教师都应当根据学校的要求进行教学质量分析。分管教学工作的相关单位及各教学单位每学期至少对一门课程的教学质量做典型案例分析，还要在总结经验的基础之上，研究相关的改进措施。

第六，进行相关教育宣传，积极做好思想工作，发挥全校教职工的智慧，提高他们的教学质量意识，做到每位教师都关注教学质量管理，并且能够积极主动、认真负责。

第七，建立健全教学质量管理体系，由各校分管教学工作的校长（副校长）负责，将形成教学质量的人员集中组织到教学质量管理体系当中来，从而各尽所能，各司其职，让信息渠道保持畅通。

第八，在教学质量管理的过程中，可能会发生一些矛盾，相关领导及部门必须负责协调各方面之间的关系，处理好工作当中的各种矛盾。

（二）高校教学质量管理的分类

根据教学质量管理业务范围的不同，可以将其分为预防性质量管理、鉴定性质量管理和实验性质量管理三种类型。

1.预防性质量管理

这里所说的预防性质量管理，就是指各级各类学校的教务管理部门、院系教学负责人、教研组长等通过定期或不定期的抽样调查，了解教师的备课、上课、批改作业等的质量，了解学生预习、听课、复习、作业等的质量。不仅如此，他们也要从中总结经验，及时进行推广，研究解决所出现的问题。这样的预防性管理，能够防患于未然，也可避免教师与学生在各类考试之前再去"亡羊补牢"。通过预防性质量管理工作，如果在教学过程中发现某些不合理的地方，相关部门也能够及时研究解决。这样可以有效防止或减少教学中倾向性问题的发生。由此可见，预防性质量管理是提高教学质量的一种可靠途径。

2.鉴定性质量管理

所谓鉴定性质量管理，是指对到了一定阶段的教学活动进行的质量检查和质量分析，又被称为阶段性质量管理。例如，新生入学进行摸底测验或者编班测验，从而及时了解学生在上一个学段完成学习的情况，并且进行一定的查漏补缺；每个学年对学生德智体美劳的全面发展情况进行相关分析评定，总结经验教训，这些都属于鉴定性质量管理。

鉴定性质量管理不仅仅是对于教学质量的鉴定，其更主要的作用在于要求管理者和教师要做到信息全面、注重过程，尽量避免千人一面的虚假鉴定。

3.实验性质量管理

在教学质量管理过程中，有一部分工作还需要经过科学研究和科学实验验证，即实验性质量管理。如果最终证明是切实可行、行之有效的，才可以逐渐推广开来。这样能够提高教育工作者的自觉性，减少盲目性，使其遵循客观规律办事。

在现代社会中，学校是一个提倡开拓创新的阵地，不同的学科、不同的专业有许多课程都可以尝试新的教学方法。目前许多学校都提倡教师广泛进行实验性教育教学改革。在这种学校教学发展趋势下，各级各类学校的教务管理部门及各院系、教研室都应鼓励、指导教师开展实验性教育教学改革工作。

四、高校教学质量管理模式

一般来说，按照不同的质量目标、质量标准、质量方针以及其实施策略等，可以将高校教学质量管理模式分为不同的类型。当前，各级各类学校教学质量管理模式主要有教学目标管理模式、全面教学质量管理模式、走动式教学质量管理模式等。在实际的教学质量管理过程中，学校管理者应当从本校发展的实际情况、本校教学所遇到的实际问题、本校发展战略等出发，选择适合本校实际情况的教学质量管理模式。

（一）教学目标管理模式

20 世纪 60 年代，目标管理的概念开始被引入学校教育领域。所谓教学目标管理模式，就是指以学校教学所预期的最终成果为标准，并以目标责任制的方法对学校的教学工作的质量进行科学的考核和有效的监督，从而激发学校管理者和广大教职工的工作积极性，最终提高教学质量的管理模式。教学目标管理模式的核心是设定教学目标。对于一所学校来说，教学目标管理工作主要包括：论证决策、目标分解、定责授权、咨询指导、检查控制、调节平衡、考评结果、实施奖惩、总结经验。

1.教学目标管理模式的基本特征

从本质上来看，教学目标管理模式具有以下三个基本特征：

（1）重视教学质量管理过程中人的因素

教学目标管理模式是一种民主的、参与的、自我控制的管理模式，同时也是一种把个人需求与组织目标结合起来的管理模式。在这种教学目标管理模式之下，上级与下级的关系往往是平等、尊重、依赖、支持的。下级在承诺目标和被授权之后是自觉、自主和自治的。

（2）重视建立目标体系和责任制

在教学目标管理模式下，管理者一般是通过一定的设计将学校发展的整体目标逐级分解，从而转换为各班级、学科、各个教师的子目标。在对教学目标进行分解的过程中，管理者必须明确教学过程的权、责、利，同时各个子目标必须保持方向的一致性，做到相互配合，形成协调统一的目标体系。

（3）重视教学成效

教学目标管理模式必须始终围绕目标来进行各项教学工作的管理。它以制定目标为起点，并以教学目标的完成情况为评价的终结，同时按照每个教职员工所完成任务的程度、情况等进行考核与奖惩。在这个过程中，管理工作必须始终围绕教学成效这一重要内容。

2.教学目标管理模式的实施策略

（1）建立目标体系

所谓教学目标管理模式，就是指学校所有的部门及所有成员致力于实现总体目标，并在实现总体目标的过程中实现各个部门的具体目标和个人目标的范式。因此，实施教学目标管理模式的首要任务就是建立一个完善的目标体系。

从整体上来看，学校的教育目标可以被分为四个层次，从高到低分别为：

第一个层次是国家的培养目标，即培养全面发展的、符合社会发展需要的人才；

第二个层次是学校的培养目标；

第三个层次是各个专业、各学年、各学期的培养目标；

第四个层次是单元、课题、课时的教学目标。

总而言之，学校管理者必须真正明确上述这样一个目标层次，才能与教师一起积极投入目标体系的建构之中。在建立目标体系的过程中，管理者还应当与教师一同制定相应的工作规范和工作质量评价方法，以使教学工作得以规范化、制度化、标准化。

（2）实施人本管理

在现代社会中，教学目标管理应该遵循人本管理理念。具体来说，教学目标管理必须重视教学过程中人的因素，在设定了科学、客观的教学目标之后，还应当重点实施过程中的人本管理，即充分调动教师依照目标进行自我管理的主动性、积极性。

除此以外，在实施目标量化评估的过程中，学校管理者必须做好教师的思想工作，注重教师的内在需求，激发其工作的主动性、积极性。

（3）完善管理机制

目标管理的一个基本原则，就是以所设定的目标为基本参照，适时监督和反馈教学任务的完成情况，以实施动态的教学管理。从这个角度来看，学校管理者应当努力建立健全高效、公正的管理机制，对教师完成任务的进度和质量进行公平、公正的考核，随时考察目标管理活动的运行状态是否与确立的目标体系相符。

（4）实施发展性评价

顾名思义，发展性评价就是一种旨在促进被评价者不断发展的评价方式。在实施教学目标管理的过程中，虽然注重行动的结果十分重要，但一定不能因此而忽视行动的过程。这就需要管理者积极运用发展性评价。具体来说，要在教学目标管理工作中实施发展性评价，管理者必须做到以下几点：

第一，对于教与学的考核评价不但要看学生学习的整体情况，同时更要具体分析学生取得的进步以及取得进步的原因，并针对每个学生实行增值性评价。

第二，针对不同水平、不同特点、不同专业的教师采用完全不同的评价标准，以便于形成不同水平层次的教师自信、自律、自强的良性循环。

第三，动态跟踪教学过程，并充分运用所搜集到的数据资料来对教学过程进行灵活调控。

（二）全面教学质量管理模式

20世纪50年代末，全面质量控制之父阿曼德·费根堡姆和质量管理专家约瑟夫·朱兰提出并发展了"全面质量管理"的概念。全面质量管理的基本含义是全体人员参加质量管理，实行生产全过程的质量管理，对产品的各个方面进行质量管理，因此也被称为"三全"质量管理。全面质量管理高度重视人力资源的开发和利用，强调在尊重人的前提下，注重战略规划、全员参与、团队精神和协调工作，其目的在于通过顾客满意及本组织所有成员受益而达到长期的成功。到了20世纪60年代，全面质量管理理论成为西方管理学界非常流行的一种管理理论。

在当代社会中，随着社会的不断进步与发展，全面质量管理理论已经被应用到了教育领域。于是，全面教学质量管理模式应运而生。

1.全面教学质量管理模式的特点

全面教学质量管理模式的特点集中体现为教学质量管理和控制的全面性，这主要体现在以下三个方面：

（1）重视全员管理

全面教学质量管理涉及教学系统内的每一个成员，是全员性管理。全面教学质量管理模式非常重视全员管理。人的主观能动性及潜能的发挥，是质量制胜的关键。

学校管理者必须充分挖掘每一名教师和学生的潜在力量，使教师的主导作用和学生的主体作用得到充分发挥。同时，管理者还应当为每一名教师制定出明确的质量责任，要求他们对自己所做的工作负责。

(2) 重视工作全局管理

客观来说，教学质量管理涉及教学工作的方方面面，是对教学工作全局的管理。因此，全面教学质量管理模式非常重视工作全局管理。

具体来说，工作全局管理要求管理者不仅要妥善安排好以教学为中心的各项学校内部工作，建立教学工作协调机制，避免工作中的冲突和摩擦，减少教学管理中的内耗等，还要综合分析家长状况、社区背景以及地方教育行政管理状况等因素，争取家长、社区和教育行政部门的理解和支持，为提高学校的教学质量提供良好的外部环境保证。

(3) 重视教学全程管理

全面教学质量管理涉及教学工作的每一个程序，是对整个教学过程的管理。在全面教学质量管理模式下，教学管理者要注意每一个教学环节，只有各个教学环节的质量上去了，学校教学的整体质量才能充分得到提高。

在教学全程管理中，学校管理者应建立一套完善的激励和监控制度，根据教师的能力与专长、所教学科的特点以及生源质量等方面的因素，有针对性地提高各个教师在教学过程各环节的工作积极性和工作质量，实现教学过程的最优化。

2. 全面教学质量管理实践

在实施全面教学质量管理模式的过程中，学校管理者应当着重抓好影响教学质量的各个因素、各个环节和各个方面。具体而言，管理者要做好以下几方面的工作：

第一，不断推进教学手段、方法和设施的改进与完善。

第二，做好学生的预习、听课、复习、作业和考试等管理工作。

第三，做好教师的备课、上课、课外辅导、作业批改、考核评定等管理工作。

第四，做好教学工作中的计划、组织、实施、检查和总结等管理工作。

第五，不断强化广大教师的质量责任意识，增强他们为提高教学质量而不断做出努力与探索的主观能动性和创造性，并从管理制度层面使各个部门和各个成员都明确自己的质量责任目标，并各司其职。

(三) 走动式教学质量管理模式

1982 年，美国管理学者汤姆·彼得斯与罗伯特·沃特曼出版了《追求卓越》一书。他们在该书中首次提出了走动式管理的概念。所谓走动式管理，就是指管理者不应当仅仅局限于办公室的空间，而应当深入基层、到处走动，以了解更丰富、更直接的员工工作问题，并及时找出解决所属员工工作困境的策略，最终提高组织的工作效率。

1.走动式教学质量管理的含义

根据走动式管理的概念，可以引申出走动式教学质量管理的概念，即通过学校管理者直接与一线教师的接触和了解，收集最为直接有效的学校教学信息，以弥补学校正式组织渠道方面的不足。

从整体上来看，学校教学管理系统是一个层级的结构，上情下达与下情上达都要经过一系列复杂的组织环节，而信息每经过一个环节都可能会有所衰减。走动式教学质量管理有助于弥补正式组织中信息传递时出现的信息衰减等问题，并且能够帮助学校管理者在第一时间发现学校教学中存在的问题，从而通过及时沟通，尽早发现并解决问题，最终提升教学质量。

2.走动式教学质量管理的实施要点

在实施走动式教学质量管理模式中，学校管理者必须重点做好指导与协助这两个方面的工作。

（1）指导

在走动式教学质量管理中，学校管理者扮演着指导者这样一个角色。因此，其必须放下自身居高临下的领导者地位，切实去指导教职员工做好各项教学工作。当发现一些教学工作中的问题时，要能够平心静气地帮助教职工人员查原因、找症结，并给予必要的指导，而不是大呼小叫，指责或惩罚出现问题的人。

从根本上来说，走动式教学质量管理就是要通过有意识地指导、引领的方式来进行，而不应以简单粗暴的命令形式来干涉，甚至是以剥夺教师的教学自主权的方式来解决问题。

（2）协助

在走动式教学质量管理中，学校管理者除了要给予教师一定的指导外，还应当为教师的各项教学工作提供必要的协助。从本质上来说，实施走动式教学质量管理的关键在于通过获得真实信息，与教职员工共同分析和解决问题，提高学校教学管理的效能。因此，当教师遇到问题需要解决时，学校管理者要作为教师的参谋，在充分信任和发挥教师自主权的前提下，协助教师及时、有效地解决问题。

3.走动式教学质量管理的原则

学校管理者在实施走动式教学质量管理时,必须遵循以下几项基本原则:

(1)直接接触原则

这里所说的直接接触原则,就是指学校管理者在走动式教学质量管理中要保持与教师、学生的直接接触。具体来说,就是学校管理者不能仅以办公室为其活动区域,还要经常到教室、操场、食堂、宿舍等处走动。

从某种意义上来说,可以把走动式教学质量管理看作一种"看得见的"的管理方式。毕竟学校管理者与教师、学生面对面接触、交谈,才能够及时了解一线教学的真实情况。在实施走动式教学质量管理时,学校管理者最好随身携带笔记本之类的工具,以便于及时记录观察到的现象、发现存在的问题等。

(2)不定期原则

学校管理者在进行"走动"时往往需要有一个大致的周期,但并没有完全固定的时间。例如,学校管理者一有时间就可以到处走走,观察课堂教学、体育活动、实验教学等的开展情况。这就是不定期原则。学校管理者只需要在教师常态教学情况下,走进课堂听课,课后与教师一起分析上课的具体情况、收获和存在的不足。

(3)倾听原则

在走动式教学质量管理中,学校管理者与教师、学生之间是一种建立在相互尊重基础上的平等关系。学校管理者是以一个服务者的身份倾听意见、建议,而不是凌驾于师生之上的视察或考核。从这个角度来看,学校管理者实施走动式教学质量管理时必须遵循倾听原则,即在与师生沟通、交流的过程中,学校管理者要体现出热情的关怀和和蔼可亲的态度,要做一个耐心的倾听者,从而及时获得第一手的信息。

第三节 高校教师管理

高校发展离不开管理，管理讲究质量及效率，教师队伍的管理效能问题更是至关重要。稳定的教师队伍对高校而言无疑是最重要的，是高校改革和发展的基础，是培养创新人才的保证。但在知识更新快速的时代，随着人才市场的逐步开放，不稳定的高校教师队伍成了高校发展的阻碍。科学的管理理论可以帮助高校建立较为稳定的教师队伍。应用好管理理论中的激励理论，对教师队伍进行良好的管理，激发其工作积极性，对高校的发展有着极其重要的意义。

一、高校教师管理的含义

针对高校教师管理这一概念，目前学界已有一个比较全面且准确的定义，即为了提高高校师资队伍的整体素质水平和人才培养的质量，促进高校健康、协调、快速发展，实现高校人力资源的合理优化配置，建立一套科学的、合理的、可操作的教师管理制度，以求最大限度地调动教师的积极性和主动性，激发教师的创造性，实现最大的管理效能。

教师是学校组织的核心成员，是学校的核心利益相关者，也是重要的教育资源之一。教师素质如何直接决定了学校的教学质量如何。教师管理和教师发展状况决定了学校的发展状况。因此，高校教师管理具有重要的意义。

二、高校教师管理的特点

（一）教书与育人相结合

高校教师是教学、科研的主力军，承担着传授知识、培养技能、发展科学的光荣使命，同时又承担着教书育人，培养学生正确的世界观、人生观的重要职责。教书水平、育人效果如何，能否将教书与育人紧密结合起来，已成为评价高校教师的标准。只教书不育人的教师是不合格的、不适应现代教育发展要求的教师。教师在提高自身知识传授、知识运用能力的同时，也要提高自己的育人能力，使自己真正成为学生的导师、育人的模范。

（二）复杂劳动和创造劳动相结合

高校教师培养目标的高标准、高层次，教育工作的学术性、探索性，决定了高校教师工作具有高度复杂性和创造性的工作特点。高校教师工作作为一项具有复杂性的劳动，需要高校教师具有渊博的专业知识、丰富的教学经验、独立的研究能力以及较高的政治水平。教育对象的文化层次、年龄特征等又增加了工作的难度和复杂度。同时，高校教师要在有限的时间内，把丰富的现代科学文化知识加工成学生能接受的信息，进而转化成学生的智慧和才能，还要培养学生的良好品德及行为习惯。这些都需要通过教师的创造性工作来实现。

（三）个别劳动和群体劳动相结合

高校教师不实行坐班制，他们一般采取个别活动的方式来工作。无论在教学、科研上，还是在思想政治工作中，教师都有较强的灵活性和独立性。他们的工作时间、地点不受时空的限制，可以在8小时之内，也可以在8小时之外；可以在课堂上、教室中，也可以在其他场所。这种工作方式可以充分发挥教师的积极性、自觉性、主动性和创造性。

另外，教育也是一种群体的工作、合作的工作。因为培养人是一项系统的综合性的工程，需要学校各部门人员的合作才能完成，即需要教师个别劳动与教育工作者的群体劳动相结合、相配合才能完成。单纯强调其中的一个方面而忽视其他方面的教育，是片面的、不和谐的教育。

三、高校教师管理的制度

基于以上界定，本书将高校教师管理制度界定为：针对高校从事一线教学或科研工作，并且具备高校教师资格以及不同等级的高校教师专业技术职务资格的教师群体，实施的一系列激励、保障和约束等管理活动，从而合理地配置教育资源，促进高校教师的发展。

对于高校教师管理制度，有些学者称之为高校师资队伍建设或高校高素质人才队伍建设，还有学者称之为高校教师管理，这些概念的内涵基本相同。此处探讨的高校教师管理制度，是基于一般性的高校教师管理制度，针对高校的特点和高校教师的特殊情况，讨论如何建立起一套科学合理、可操作性强的教师管理制度。教育部在《关于新时期加强高等学校教师队伍建设的意见》（教人〔1999〕10号）中提出了新形势下高校教师管理的24字方针，即"按需设岗、公开招聘、平等竞争、择优聘任、严格考核、聘约管理"。高校教师管理的内容比较广泛，涵盖了教师资格制度、教师职务制度、教师聘任制度、教师培养制度、教师考核评价制度、教师激励制度、教师退休制度等，这些制度构成了系统的高校教师管理制度。

本书主要针对高校教师管理的核心环节即教师聘任制度、教师培养制度、教师激励制度、教师考核评价制度进行研究。教师聘任制度是教师资格制度和教师职务制度之间承上启下的重要环节，是教师管理制度的核心。教师培养制度是改革教师教育、提高教师专业化水平的重要环节。教师激励制度是为了达到既定目标而采取的一系列激发教师潜能，调动教师工作积极性和自觉性的组织系统。教师考核评价制度的目的是选拔人才，充分调动教师的积极性，考核的结果可以作为续聘、解聘、职务变动和奖惩的依据。

（一）高校教师聘任制度

《中华人民共和国教师法》第十七条规定："学校和其他教育机构应当逐步实行教师聘任制。教师的聘任应当遵循双方地位平等的原则，由学校和教师签订聘任合同，明确规定双方的权利、义务和责任。"

教师聘任制度是基于双方自愿平等的原则，由学校或者其行政部门根据教学的需要，聘请有资质的人员担任教师职位的一项制度。学校和教师基于平等、自愿的原则签订劳动合同，并明确双方的权利和义务。教师聘任制度包括招聘、续聘、解聘和辞聘等形式。招聘是指高校根据教学需要面向社会公开选拔具有教师资格的人员。招聘通常具有公开、直接、自愿、透明度高等优点。续聘是聘期满后，高校与教师继续签订聘任合同，学校对教师在聘期内的工作满意，教师对所从事的岗位和所获得的报酬满意，双方自愿续签聘任合同。解聘是指用人单位因某种原因不宜继续聘任教师，双方解除合同关系。聘任合同具有法律效力，用人单位在解聘教师时应有正当理由，否则应承担相应的法律责任。辞聘是指教师主动请求用人单位解除聘任合同的行为。对辞聘要区分各种不同的原因，分清各主体所应承担的相应法律责任。

（二）高校教师培养制度

教师培养是高校不断发展的一个重要环节。它不仅有利于促进学校的学科发展，同时对加强教师队伍建设有着积极的推动作用。高校教师培养是指通过多种形式、途径和方法提高教师的政治素质和业务素质，培养教师的创新能力、职业道德等综合素养。

《中华人民共和国教育法》第四章专门就教师的培养和培训做了规定。关于教师的培训，《中华人民共和国教师法》第十九条规定："各级人民政府教育行政部门、学校主管部门和学校应当制定教师培训规划，对教师进行多种形式的思想政治、业务培训。"第二十条规定："国家机关、企业事业单位和其他社会组织应当为教师的社会调查和社会实践提供方便，给予协助。"教师培养主要是针对那些已经具备资质的教师，通过组织他们进行业务学习，掌握教学理论和教学方法，提高政治素质和业务水平，从而培训一批各学科的带头人和教育教学专家。

针对高校教师的培养，则应采取各种有效的方式，有组织、有计划地进行教育和培训，以在职培养为主，使教师更好地履行岗位职责。《高等学校教师培训工作规程》（教人〔1996〕92号）第三条指出："高等学校教师培训工作要贯彻思想政治素质和业务水平并重，理论与实践统一，按需培训、学用一致、注重实效的方针。坚持立足国内、在职为主、加强实践、多种形式并举的培训原则。"该规程第五条还指出："培训对象要以青年教师为主，使大部分青年教师更好地履行现岗位职务职责，并创造条件，及时选拔、重点培养在实际教学、科研中涌现出来的优秀青年教师，使之成为学术骨干和新的学术带头人。"高校教师培养的方式包括在职培养（包括在教学和科研实践中培养和在职培训，如参加国内外高水平的学术会议、交流讲学、著书立说、与国内外同行进行合作科研等）、脱产进修（包括做访问学者、出国留学或参与合作研究等形式）等。

（三）高校教师激励制度

高校教师激励制度，就是高校为了达到既定的工作目标，采取的一系列激发教师的内在潜力，使其切实感到力有所用、才有所展、劳有所得、功有所奖，自觉努力地朝着预期目标奋进的方法、措施和程序的总称，是一个充分调动高校教师积极性和创造性的动态组织系统。

健全有效的高校教师激励制度具有激励内容的生动性、激励形式的促进性、激励目的的引导性和激励本质的科学评价性等特点，它能使教师在心灵深处树立奋斗目标，构建约束性行为规范，形成勤奋地、持久地进行创造性劳动的动力。

（四）高校教师考核评价制度

《中华人民共和国教师法》第五章专门就教师考核做出了规定。教师的考核是指各级各类学校和其他教育机构以《中华人民共和国教师法》《中华人民共和国教育法》为依据，按照关于教师考核规定的考核内容、原则、程序、方法，对教师进行考察和评价，以激励教师忠于职责，为教师的职务聘任、晋升工资、奖惩实施、培养培训等教师管理工作提供法律依据。

高校教师考核应当客观、公正、准确。对教师的考核要从客观实际出发，实事求是，全面地对教师做出合理的评价，防止凭主观印象考核教师。考核的公正性关系到教师考核工作的成败，考核时应严格按照考核标准、程序、办法进行。在客观公正的基础上，考核要做出与教师实际表现相符合的评价，杜绝夸大或贬低。教师考核的结果应和教师的受聘任教、晋升工资、奖惩挂钩，和教师的切身利益相结合，否则就失去了教师考核的意义。

第四节　高校行政管理

随着中国高等教育的不断发展和大学教育体系的不断改革，高等学校对行政工作的要求不断提高，行政工作的有效性会影响教学质量和校园其他工作的质量。因此，行政工作的有效性对大学教育的全面发展至关重要。

一、高校行政管理的含义

我国高校的行政管理主要是从事科研活动和非教学的行政管理机构所进行的管理活动，相对于高校的教师和研究人员来说，他们大多是管理者。也就是说，他们的权力来源于政府对教育的行政管理。高校主要是以科研和教学为主，行政管理主要是起到辅助性和保障性的作用，是高校管理不可缺少的一部分。

高校的行政管理是高等院校特有的一种管理手段。高校一般都有以校长为首的一套高校行政管理系统，高校的行政管理人员要履行其指定的系统来完成高校的各项管理工作。政府在对高校的监管上，主要是采取指令性的手段来进行监管和检查。

高校为实现其在教育上的目标，必须要充分利用可以利用的资源，运用较为灵活的工作手段，制定完善的制度。既要达到预期的行政工作效果，又要保障其管理职能能够顺利地进行。高校行政管理的主体主要是指管理层的领导和具体执行命令的行政工作人员。高校的人力、教学和物力等其他资源，根据教学科研需要和高校发展目标，经过行政管理的协调安排，达到效率的最优化，实现高校各项工作的顺利进行，推动高校的健康、长远发展。

二、高校行政管理的内容

我国各高校的行政管理内容主要包括以下三方面：

（一）协调好学术与行政之间的关系

目前，高校在行政管理上存在一些问题，最为突出的问题是行政权力和学术权力之间的关系问题。高校要对行政人员和学术人员进行剖析，妥善处理行政管理的高层、执行人员与教师、教授以及学生之间的关系，更好地进行高校行政管理工作，服从服务于教学、科研和学生的成长发展。

（二）配置好部门的功能

高校的行政管理部门的设置，离不开其执行上的各大功能。所以说部门与功能之间的关系是做好行政管理的关键。高校的管理部门在设置上一定要注意，高校的行政管理部门的功能不能重复配置，其功能要具有科学性和合理性，功能要和岗位相符合。高校行政管理部门的功能如果不匹配，权力产生重叠，行政管理工作就会出现混乱现象，就会严重影响行政管理工作的效率。所以，要切实处理好行政管理部门的功能问题。

（三）协调好职员结构和改革管理之间的关系

高校的职员结构和改革管理之间的关系，是高校行政管理的重要内容。高校的行政管理改革，通常离不开对行政管理人员队伍的改革。如果出现行政管理人员的队伍过于庞大，在管理中就会出现很多的问题，甚至会出现行政管理工作停滞的现象。整个高校的行政管理队伍结构越是精练，职能分配越是清晰，越能达到预期效果，越能激发出行政管理人员的工作热情和创新精神。

三、高校行政管理的职能

高校行政管理的职能主要来源于政府教育行政管理职能。高校的行政管理职能可以大体分为统治职能、社会的服务职能和社会的管理的职能。

第一，统治职能。高校行政管理的统治职能是指各高校要以国家制定的各项教育方针政策为主，按照当前的方针政策进行教学管理。

第二，社会的服务职能。社会的服务职能则体现在行政管理组织通过各项规章制度和职能来组织高校的非行政人员进行教学和科研等行为。在教学和科研中,要处理好各种问题,使高校的教职工都能在自己的岗位上勤劳奋斗和爱岗敬业,最终达到各高校的预期目标。

第三,社会管理职能。高校行政管理的社会管理职能主要表现在行政管理人员通过管理运行体制和实施具体的管理职责,能够对高校的教职工进行正确的、规范性的指导,使他们能够按照政策和规范有条不紊地进行工作,这样就能确保教育管理系统顺利运行和长远发展。

高校行政管理的职能对高校的教学具有保障作用,要随着社会的发展和变化不断完善和创新高校的行政管理方式、方法,这样才能更好地促进高校教育水平的提高。

四、高校行政管理的运行机制

要想充分地发挥高校的行政管理职能,首要问题就是要不断地对运行机制进行创新和改革。这就要求高校有一个良好的运行机制来对其工作进行保障,使高校的行政管理人员能够尽职尽责地工作,更好地调动行政人员的能动性。要想切实可行地运用好各高校的行政管理职能,首先就要做到熟知行政管理的基础理论,要因地制宜地根据院校的实际情况,确定一个符合实际的运行机制。除要注意把握普遍性的行政管理特征外,还要注意把握教育自身的规律特征。总体来讲,各高校的行政管理运行机制包括竞争机制、决策机制和动力机制。

第一,竞争机制。竞争机制是高校行政管理中的一个不可或缺的重要机制,而竞争机制的建立,主要体现在教学水平管理和高校师资队伍的管理上,在教学与科学研究、后勤保障等方面也有明显体现。高校行政管理人员通过公平竞争实现优胜劣汰,就是竞争机制的一个最为显著的特点。市场经济的重要法则之一就是竞争。高校行政管理引入竞争机制,对于行政管理人员的创造性和主观能动发挥了重要的督促作用,有利于改善和提高高校行政管理工作的效率,提升工作业绩。

第二,决策机制。社会主义要求我们要做到科学与民主的统一。高校在行政管理上,只有做好科学与民主的统一,进行科学的民主决策,才能在高校行政管理的过程中做出最恰当的行政决策，才能最大限度地保障高校行政管理运行的合理性。

第三，动力机制。首先要强调的是高校行政管理的动力机制，包括其内在的吸引力、外界的压力与吸引力。其中所说的吸引力包含了高校在其硬件设备上对外界的吸引力因素，指的是高校的办学条件、校园环境、悠久历史和高校的学术氛围等一系列影响力。高校具备了吸引力，才能更好地形成能动力和向心力。就高校现状来讲，高校的行政管理人员和教职工的价值观是高校在前进路上的动力。有一个良好的内在动力，才能使他们在学生管理工作、教学保障方面保持一个良好的状态。而外界的压力又主要包含了高校在社会上的口碑、国家的重视程度、各高校的教育目标等，这实际上就是动力机制中不可缺少的一种反弹现象。

五、高校行政管理的作用

高校得以实施教育和科学研究的首要条件就是高校的行政管理，高校的行政管理在其管理体系中起着最基础的作用，最为突出的就是指导、调节和约束功能。因此，要保障、协调和激励好高校行政管理的发展与改革。

第一，各高校行政管理工作的保障性，主要表现在高校行政管理的服务性功能。高校的行政管理工作涉及整个高校的运转，几乎高校的所有事宜都离不开行政管理。即使是一件微不足道的事情，如果管理上出现问题，都会导致全局出现问题，阻碍工作的进展，降低工作效率。要想切实保障高校行政管理的发展与改革，高校的行政管理工作就要积极发挥好其服务性功能，将服务性功能运用到工作中，处理好各种关系。

第二，高校的主要目标就是为国家培养人才，必须通过对大学生的教学、管理和服务来实现这一目标。对大学生进行教学、管理和服务，必须通过高校行政管理部门的协调。各部门之间具有较大的差异性，因此在出现各种不协调的情况时，高校的行政管理部门就要切实发挥作用，认真地处理好各部门之间的关系，充分发挥行政管理的协调服务功能。高校的行政管理人员在其行政管理工作中，一定要强化教学和科研服务的管理理念，让高校的行政管理工作深入高校的每一个工作环节，最终实现高校行政管理的整体效能，实现工作效率的提高。所以，要妥善地处理好高校行政管理工作的改革与发展。

第三，对于激励高校进行行政管理的发展与改革措施，国家要给予大力的支持，作为各高校发展与改革的强劲后盾，高校自身也要激励所有的教职工和学生。而对于高校的行政管理工作来讲，它的具体作用就在于对学校内部各部门及其员工的工作情况进行监督与检查，使其最大效率地完成工作任务。高校行政管理工作应将绩效考评纳入其中，这样才能科学合理地使政策得到贯彻落实，最大限度地为高校行政管理工作的体系化、可持续性和模式化发展打下扎实基础。

第三章 高校教育管理的创新理念

第一节 坚持创新理念

创新是指改变旧制度、旧事务，对旧的生产关系、上层建筑作出局部或者根本性的调整变动，所以创新就是改进不好的，改正错误的、不合理的。创新需要清晰的价值和目标，即明确创新理念，它关系到创新的出发点和前进方向。

一、统筹理念

我国高等教育的物质载体是大学，大学的根本属性是我国事业单位，这种公益属性不会发生改变。党委领导下的校长负责制作为我国大学的领导制度，是一种"党政结合"的领导方式。党委领导作为大学政治权力的集中体现，具有全局性特征，党委在大学内部治理过程中的意见综合和宏观决策作用不可或缺。

统筹作为一个由数学衍生出的系统科学概念，主要强调的是针对一个事物发展或行为执行过程中涵盖的规划、引导、服务和扶持的完整的过程体系。统筹全局能力就是站在事物全局的角度统筹思考，洞察事物，工作谋划，整合协调，总的来说就是服务全局的能力。不顾此失彼，不因小失大，兼顾和协调全局各方面利益，使整体协调，布局合理，利益得当，人文和谐，思想协同，工作得力。那么政府对高等教育的统筹也就可以围绕这一概念展开，具体包括统筹规划、统筹引导、统筹服务和统筹扶持。

（一）统筹规划

统筹规划是对高等教育发展的速度、规模、质量、结构进行宏观管理，促进管、办、评分离，形成政事分开、权责明确、统筹协调、规范有序的管理体制。对学校布局、学科专业设置、学位授予点和继续教育进行规划。统筹研究生教育、本科教育、高等职业教育和高等继续教育，构建层次分明、类型多样、特色鲜明、充满活力的高等教育体系。

推动高等教育内涵式发展是基于高等教育发展的新的指导方针，是"办好人民满意的教育"的坚实基础，是"全面实施素质教育，深化教育领域综合创新，着力提高教育质量，培养学生创新精神"的最好保障，是"立德树人"，培养德智体美全面发展的社会主义建设者和接班人的关键举措。所谓内涵式发展，就是以师生身心发展为基础，摒弃高校传统追求规模、数量的粗放式发展模式，着眼于效益与质量的创新型发展道路。效益、质量与创新三位一体，其核心是实现内涵发展，重点是学科建设和制度建设，其动力源于深化创新，其保障是和谐校园建设。

（二）统筹引导

建立高校学科分类建设体系，实行学术发展分类管理；创新高校人才培养模式，提高高校人才培养质量和深度；加大对高校学术的监督和审查；统筹推进各级各类高等教育协调发展；协调发展高等教育城乡、不同区域间教育；统筹编制符合要求和国情的高等教育办学资质、教师引进、招生质量等多项标准。

（三）统筹服务

深化高校教育综合创新，推动教育事业科学发展，必须以"三个满意"为出发点和落脚点，在关心国家命运、服务国家战略上有所作为，让党和国家满意；在勇担社会责任、满足社会对创新高等教育不断提高的要求上有所进步，让广大人民群众满意；在坚持以人为本，实现、维护、发展好学校广大师生员工根本利益上有所建树，让广大师生员工满意。引进国际创新教育资源，提高中外合作办学水平。

（四）统筹扶持

落实扩大高等教育办学自主权，完善我国特色现代大学制度和教育惩治和预防腐败体系；统筹健全以政府财政支持为主、社会捐助资助教育经费、有限度自主探索高等教育市场化稳定增长的机制；建立地方政府所属高校的教育职责评价制度，探索建立政府督导高校机构职责运转的机制；建立起功能明确、治理完善、运行高效、监督有力的管理体制和运行机制。

管理体制和运行机制的重大变革涉及法律制度、组织架构、权责划分、运行规则和利益调整等诸多方面，内涵十分丰富，这都需政府统筹来部署和实施。例如，需要政府统筹协调政治体制创新和市场经济体制创新，使我国高等教育管理创新与政事分开、管办分离和转变政府职能等其他政治、经济、文化、社会创新密切联系，相互影响，逐步推进。

二、参与理念

我国高等教育从建国初期的"精英"教育走向"大众"教育，是随着我国政治、经济、文化和社会环境变化不断适应的发展历程，是我国政治体制创新不断深入的体现，是社会主义市场经济创新深入人心的要求，是社会开放文明的自我需求，是我国文化传承自我提升的动力源泉。

社会参与高校教育管理创新的必要性主要有以下几方面：首先，从高校的系统性和开放性来看，高等教育作为一个要生存和发展的系统，不可能封闭自我。高校需要汲取自身生存发展所需要的物质资源、人力资源和财务资源，无法忽视与社会普遍联系的客观事实。其次，经济和社会生活方式的重大变革使高等教育的普及化普及程度不断加大，继续教育、职业教育等终身学习教育制度不断深入人心，极大地刺激了社会参与高等教育的意识。再次，激烈的市场竞争环境下，对人才的需求和竞争成为市场生存的不二法则。市场竞争主体，例如企业已经以极大的热情加强与高校的合作，参与到高等教育的具体实践中，招揽满足自身需求的合格人才。最后，高校自主化办学带来的就业压力和经费支出以及后勤社会化等创新也需要得到社会的支持和帮助。总之，高校接纳社会各方面参与自身管理是必要且可行的。

社会参与高校教育管理的内容主要包括：一是社会参与高校决策。高校教育管理需要吸纳更多智慧和力量，确保高校的决策体制、运行方式、机构设置等内部事宜得到民主、科学的监督、反馈和建议，社会参与的重要性不言而喻。二是市场权力对高校权力的影响和制约使社会参与高校教育管理的具体事务越来越深入。高校的专业、课程设置不断重视市场需求，就业市场要求高校教育管理贴近社会现实，高校内部事务信息公开，等等。三是高校的社会服务功能使社会参与高校教学科研等高端领域。高校与企业的合作正是社会参与的表现。我国高等教育创新是系统工程，能否在市场经济大潮中接受社会检验是创新成败的关键。我国高校要认清现实发展要求，提高社会服务功能，树立社会服务意识，把社会参与作为自身管理创新的重要内容，实现科技成果转化，提高社会知名度和权威性，满足社会需要的创新目标。高等教育的需求多样性、高等教育走向社会中心以及高校教育经费来源的渠道多元化要求社会参与，这不仅是高等教育发展的共同趋势，还是实现高等教育内部管理制度完善的重要保证。

三、公共利益理念

公共利益是指公众的、与公众有关的或为公众的、公用的需要的利益。根据《公共政策词典》（E.R.克鲁斯克、B.M.杰克逊，1992）的界定，公共利益是指国家和社会占绝对地位的集体利益而不是某个狭隘或专门行业的利益。《中华人民共和国教育法》第八条规定"教育活动必须符合国家和社会公共利益"。公共利益产生于人与人之间的社会联系，是公民个人利益最终的价值取向，代表着长远的、共同的、整体的个人利益。高等教育的利益主体可以分为国家利益、团体利益和个人利益。国家利益是指国家从高等教育的发展中获得的人才培养、科技技能输出的政治利益。团体利益是指高校的各种权利主体在博弈过程中获得的权利利益。个人利益是指参与高校教育过程和活动中的个体获得的参与权、保障权和结果权的权利利益。这三种利益主体是基本利益和直接利益，如何协调利益冲突和分歧，寻求整体利益最大化，是公共利益取向的理念所在。

公共利益正当性的基础是以一定社会群体存在和发展为前提的，公民的受教育权是公民的基本权利之一。因此，保障公民的受教育权利成为公共利益取向的共性特征。高等教育的社会服务职能是公共利益至上理念的具体体现，这需要由国家法律作为保障，例如《中华人民共和国宪法》《国家中长期教育改革和发展规划纲要》《高等教育法》

等。高等教育作为公众受教育权利的组成部分，已经从"精英"教育转变为"大众"教育，受教育群体的数量、受教育群体的文化程度已经具有社会普及性和公民自主性走向，因此高等教育创新的公共利益取向能够满足国家利益和个人利益的诉求。高等教育的受教群体不因年龄、性别、民族、肤色、国籍、经济状况、家庭出身等因素而影响知识的获取和传播，其所享受机会均等无差异。高等教育需要在生产知识、科技和人力资本过程中增效，实现教育产业化，进一步改善教学环境，增加教育奖学金的投入和贫困生补贴力度，促进高等教育事业的公平和正义。

高校教育管理创新涉及社会公共资源和经费的使用和调配，影响到社会成员的共同利益，创新的成果需要全社会共享。高等教育创新的公益性具有公共性、社会性及整体性，包含国家层面的经济利益、政治利益、文化利益、文明利益，也包括社会层面的经济利益、文化利益、政治利益，还包括个人层面的物质利益和精神利益。追求公共利益是高校教育管理创新的核心价值理念，是我国特色社会主义高校创新的前提，是调和权利主体追求共同目标的指导原则。

四、质量至上理念

高等教育创新理念是与时俱进的时代产物，其中质量至上的学习理念是源于首次世界高等教育大会的两份重要文件，作为其中的核心理念，联合国教科文组织认为高等教育质量是多层面的概念。概念涵盖了两方面内容，一方面是"层次"的问题，指的是高等教育质量是多层次的质量的统一体；另一方面是"方面"的问题，指的是高校教育质量是多方面的质量的综合体。

高等教育按系统类型通常被划分为研究型高校、教学型高校、教学研究型高校和高职高专高校。每个层次的高校所追求的质量标准和人才培养方式以及学习理念都是有差别的，这种差别本来是基于学科、专业、学术自身特点而形成的不同的质量要求。随着高校社会资源的有限性分配和政府资源集中性支配的模式演变，我国高校分门别类的层次出现了雷同化和趋同化特征，高等教育质量的层次差异化被高校自身建设发展所消弭。但社会发展过程中的社会分工和资源专属性越来越明显，对高等教育质量层次的需求被极大地放大，高等教育质量层次化不明朗造成了高校就业环境恶化。解决高等教育质量层次化发展的途径除了政府统筹外，更重要的是高校自身定位。高校历史积淀文化内涵，文化内涵塑造高校人文，高校人文成就高校精神。高校教育创新中的按教育规律办学就是对高校文化传承和高校人文环境自主办学的认可。高校教育多方面质量包括学生的质量、师资水平，还包括图书馆的利用率、学术讲座的质量水平、学校后勤质量服务状况以及学术环境的自由民主氛围，等等。

这就需要高校树立质量至上的学习理念，从教学目的、师生角色、教学内容、教学模式、教学方法、考试方法、教学观等多方面进行改进。例如，提升学生的社会责任层次，注重决策观念和技能培养；以学生为本，重视知识的接受和应用及主观能动性发挥；发挥学生主体学习地位，主动探索学习兴趣和努力方向；加强教学内容的基础性，提高教学内容的深度和广度；发展学生个性，激发学生的发散性思维和创造性思维；激励合理竞争，活化教学方法，注重社会实践；拓宽学科的社会研究对象，关注科学前沿知识，开阔学生眼界，提高学生驾驭知识能力，用质的提升应对量的增加。

第二节 把握职能定位

高校是实施高等教育的社会组织，主要功能是做学问、传授知识和服务社会。结合我国悠久历史文化传统的特殊需要，我国大学具有"人才培养、科学研究、社会服务、文化传承创新"四项基本职能。从四项基本职能中可以归纳出教书育人是目的，科研输出是手段，个性发展是理念，服务行政是模式。

一、突出育人

高等教育承担着人才培养、科学研究、服务社会、文化传承创新四大职能任务。推动高等教育内涵式发展首先需要处理好人才培养与科学研究的关系。人才培养是高等教育的根本使命，在四大职能中居于核心地位，包括科学研究在内的高校一切工作都要服从和服务于学生的成长成才。人才培养关键是培养人才素质，包括人格、知识、能力和体质，即"德智体美"。大学的核心功能是培养全面而自由发展的人才，塑造符合我国发展的合格的社会主义建设人才，这是我国高校现代化建设的社会使命和至上原则。实现核心功能的途径便是知识传授，因此可以将二者归纳为教书育人。"大学之道，在明明德，在亲民，在止于至善。"培养专门人才是高等教育的本质特征，要突出创新能力培养，进行科学素养和人文素养的融合，造就全面发展的人才。

首先，建立以学生为服务之本的高校教育质量评价体系，把高等教育的传授重心放在学生身上，从关注学生成长和体验出发，将学生自主学习知识和全方位考察评价授课质量等确定为高等教育教学评估考核的重要内容。培养学生具有开拓精神、竞争能力，具备复合型知识，满足市场经济发展需要。其次，高校教师有必要参与社会实践，加深自身对社会的亲身体验，打破高等教育内部自我封闭的认识局限。高校教师学者的社会需求体验和实践一方面可以提高学者解决实际问题的能力，丰富教学素材，将社会急需技能传授于学生；另一方面可以使学者和学生对社会需求的认知更为切合实际，注重学生创新能力观念、终身教育观念、基本学习能力观念的培养，以及以学生为本的教学创新。最后，高校必须研究社会需要的各级各类各层次人才的素质结构和能力，为人才的社会输出提供品德培养、技能培训、智力保障、素质完善，以实现知识价值的社会转化效能，实现科学技术是第一生产力的理论与实践的无缝对接。

二、注重科研

高等教育的职能是在社会发展需要的基础上形成的，是社会赋予高等教育的任务和职责，是高等教育与社会之间关系的集中体现。《国家中长期科学和技术发展规划纲要（2006-2020年）》明确了科研工作指导方针：自主创新，重点跨越，支撑发展，引领未来。高校作为我国科技创新的生力军，是科研竞争的前沿阵地和国家综合实力展示的重要内容，高校科研输出是确保高校人才培养、社会服务和文化传承职能的重要保证。

高校科研输出的最大化取决于高校科研管理人员的自身素质建设，涵盖知识素质、管理素质、伦理素质和服务素质等，这都需要高校完善的科研培养培训机制作保障，赋予科研管理成果转化享有权，激励科研输出的主动性。科研管理职能在通过社会输出实现科技转化的过程中需要努力实现四个能动，即能动策划、能动组织、能动跟踪和能动管理。强化科研课题设计和项目申报策划，强化科技成果转化和报奖的策划意识，强化科研部门跨学科的创新团队组建，强化社会合作企业的技术成果转化平台推广，强化科技推广的跟踪机制，强化基础研究与应用研究的有效融合。高校需要牢固树立人才培养必须以高水平科学研究为支撑的观念，鼓励教师重点开展有利于提高教学质量、推动理论创新、服务经济社会发展的科学研究，并将研究成果及时转化为教学内容。还要正确处理好科研与教学的关系，树立科研为教学服务、科研和教学为社会服务的意识，提高高校的科研实力，提升学校的知名度和学术的名誉度。

三、坚持个性发展

从本质上讲，大学管理是知识和科技的创造性组织，尤其是在我国高校教育管理创新的社会环境形势下，大学管理需要开拓进取的创新精神。只有创新精神才能塑造和铸就具有内涵式发展的高校，从而培育出个性发展的个体和团体。

从个体层面来讲，学生乃至学者，需要保持个人的思想独立、学术自由、民主平等。个性既是个体的整体精神面貌，还是个体独有的心理特征，个性发展是个体独特性、创新性和主体性的实现过程。首先，高校个体要培养理想、健全人格。在个体的短期目标、中长期目标和远大理想树立和实现过程中，应将个人价值、社会价值融于一体，通过高校文化载体和高校学术载体输入和输出，经过高校个体的努力奋斗和高校平台的支撑，树立致力于服务国家和社会的目标。培养集体荣誉感、团结合作精神、努力拼搏意识、热爱生活态度、严谨求知志向、无畏探索倾向、全面发展思路等个性心理特征，培养人文素养、社会责任、道德良知等社会人格要素。其次，高校个体要培养创新意识和创新能力。个性发展是创新精神的基础，创新精神的目的是以人为本，以人为本的核心是个性发展。经过对高校教育知识接触、传授、探索和考究，高校个体结合个体兴趣和喜好，通过对知识真理的探求，势必带来创新活力和创新意识及能力的注入，高校个体的事业心、责任感和使命感便在个性的培养过程中自然而然地形成。再次，高校个体要拓宽眼界、开阔思域。高校个体借助高校知识平台和高等教育交流计划，能够把握世界最先进知识的前沿，了解人类发展困境中的障碍，接受国内外先进思想知识的洗礼，总结归纳个体立志追求的方向，树立个体人生崇高理想的目标。最后，高校个体活力四射、自我约束。高校个体在身心健康发展的同时，应抵御社会思潮的诱惑，完善自我约束，运用年轻活力和创新精神，争取个人价值的实现和社会价值的体现。

从学校层面来讲，高校需要树立自身的教育特色和人文底蕴。一是丰富高校自我精神。挖掘高校的历史文化传统，吸收现代大学的办学理念和思想精华，传承高校精神，明晰高校使命。二是树立高校独特的观念。秉承高校校训，加强每届师生的校史教育，学习高校学术大师、学术大家的人格魅力和开创精神，尊重师德，传承高校先辈的奉献精神和学术追求，强化本校的责任感、荣誉感。三是健全高校文化制度。完善高校大学章程，推行制度创新，将高校精神和高校行为文化融入制度设计中，体现到师生行为中，用制度督导高校文化的自我渗透。四是完善高校标识建设。充分利用高校的校旗、校歌、校徽等文化符号，制定高校标识使用规范，开发设计高校独特的文化产品。例如高校信笺、邮票、台历、纪念品、纪念册、公文样本模板、校务公示样板、高校录取通知书、成绩单和奖励证书等。五是创新高校文化载体。运用高校事务如校庆、运动会、毕业典礼、新生入学等仪式，弘扬高校独特文化内涵。创建高校品牌的学术讲座和高校名家论坛，丰富高校文化内涵建设，通过高校文化载体如图书馆、教学楼、校舍、微信公众号、学生社团等，营造高校全面丰富而又个性鲜明的文化氛围。

四、着眼服务行政

高校"服务行政"是指高校行政权力以高校全体师生员工等高校利益相关者的真实需求为服务风向标，以提供创新满意服务为首要职能，不断完善服务保障制度和服务体系的管理模式。

高校服务行政必须遵循有限性、民主性和高效性原则，树立以人为本的理念，重视高校学术权力的诉求，增强服务意识；通过沟通与协调的民主平等对话机制，致力于高校教育质量发展，促进高校学生的全面发展，紧密联系高校与其他社会组织的交流与合作；设计符合现实需要的行政服务管理制度，将高校自由发展权力归还于高校权力各主体，最终实现行政权力与学术权力关系的有效融合、行政权力与学术权力的相互信任、行政权力与市场权力走向良性互动。

高校服务行政必须协调学术权力与行政权力的相互关系。首先，需要兼顾二者的合理性。学术权力的独立行使是高校学术自由、民主管理、公平公正的根基；行政权力的管理履行是高校管理效率和运行秩序的基本保障。二者只有实现动态平衡和互助共享才能实现我国高校自主发展的目的。其次，二者权力边界需要明确。根据大学章程，建立分工、合作、制约的关系。再次，二者作为高校权力系统的内部构成要件，学术权力作为高校权力的基础，行政权力必须为学术权力服务。最后，高校的政治权力创造组织体制保障和构架，行政权力是"制度性权力"，学术权力是"权威性权力"，行政权力需要通过制度设计确保学术权力应有的地位和权威，实现政治权力的问责协调定位，达到高校内部权力运转的畅通。

第三节　构建权力结构

高等教育管理创新作为一个系统工程，相互制衡的权力结构是该工程不可或缺的子系统之一。对于整个高校教育管理的大系统来讲，内部与外部两个环境相互作用。外部环境包含诸多因素，比如国家和政府调控、人民和社会需求等，但在这诸多因素之中，市场是核心和关键。经济体制创新是全面深化创新的重点，核心问题是处理好政府和市场的关系，使市场在资源配置中起决定性作用，同时更好发挥政府作用。

一、市场权力

从历史发展过程来看，市场权力在我国高校发展过程中处于遮蔽状态，主要通过学生报考志愿、报考专业、大学生就业等途径展示市场权力对高校发展的影响力，相对乏力。从历史发展趋势来看，市场权力在我国高校教育管理创新过程中发挥着越来越大的软实力作用。比如，逐渐形成了以公办高校为主、社会各界广泛参与、公办学校和民办学校共同发展的我国高校办学体制；我国高校的专业、课程设置不断重视市场需求，公办高校与民办高校的竞争也风生水起，市场经济发展大潮中的经济意识、主权观念、竞争意识、自由精神、宽容态度、平等观念和共赢博弈正在不断上演。市场权力的构成主体宽泛且多元，有国家需要、社会需求、市场需要，也有国际化和全球化过程中的不断要求。市场权力主要通过以下三个方面参与行使：

首先，市场权力要求高校教育服务质量贴近现实需求。我国高校毕业生数量在不断增加，近两年增速略有下降，但总量依旧在持续上涨，毕业生就业压力大已成为不争的事实。学生就业情况严峻，高校的教育质量需要更加适应市场的需求和变化，重视学生参与市场经济活动的能力和条件，摒弃以自我为中心的办学理念和不求上进的教育观念，需要发挥政治权力在我国高校发展中的调控权。其次，市场权力要求创新高等教育服务。随着我国经济发展的不断进步和我国居民家庭支付能力的不断提高，高等教育资源作为最有潜力和最有回报的市场，对外交流的广度与深度正在不断增大。最后，市场权力要求大学信息透明公开。信息公开是把知情权、参与权和监督权结合在一起。伴随着我国政治体制创新的步伐，信息不仅可以保护消费者的消费目的，也可以提高生产者的效益。产品的质量信心可以激励生产者投资于质量改进，进而更好地在市场上参与竞争。我国近年来常有单位或团体发布国内大学排行榜，这种丰富的"消费者导向"排行信息公布，是我国高校的学校声誉、学生保持率、学术研究成果、专业排名等多维度和多指标的权重展示，这些事关高校教育质量信息的大量公开需要我国高校行政权力发挥管理作用和调控作用。

二、政治权力

我国高校构建合理制衡的权力结构，不是简单地剔除国家和政府对高校的管理权，而是为了以党委为代表的政治权力能够找寻适合自身的权力领地，正确发挥高校"举办者"的作用。

首先，明确党对高校的领导地位。高校的政治权力是国家权力在高校中的具体展示，决定着高校发展的基本性质，决定着高校人才的培养目标以及高校人才培养标准等重大课题。其次，确保高校相对独立的办学自主权。要改变全能政府的管理理念和态势，向服务型和有限型职能转变，赋予高校办学自主权，坚守政治权力应尽的权利和义务不越界。最后，创新高校政治权力观念。在公共管理理念盛行的当下，我国高校的政治权力主体——校党委也应顺应时代要求，树立宏观调控理念。校党委将不再以行政干预者的身份来治理高校，而是充当合作者的身份。由事无巨细的微观管理演变为关注所有权力和权力主体的利益，鼓励教师、管理者、行政人员、学生、学生家长、社会用人单位、校友等人士参与高校治理，广泛吸纳各方利益的代表参与治理机构。

三、行政权力

行政权力是确保高校运行效率和运行秩序的必要机制。高校行政权力管理权划定是为行政权力在高校运行过程中设置合理的权力边界，即通过以校长为首的行政管理人员的管理工作，提高学校履行职责的效率。高校的行政权力以校长为代表，主要体现在行政组织协调工作，其管理目的、管理运行方式及管理结果反馈都要求校长为代表的行政权力具有高校大局观，保证整个高校的运行有序，正确发挥高校"办学者"作用。高校行政权具有一元性特征，一所大学只能有一个行政权力系统，权力的运行是自上而下逐级实施，最后实现行政权力的目标。高校办学规模的不断扩大和内部管理的日益复杂都给行政权力的发挥带来了挑战。

高校的行政权力致力于实现人才培养、科技进步、社会服务、文化传承创新四大职能，可以通过两个方面来实现。一方面，代表国家和政府管理学校，发挥管理者职能，主要通过科研、教学来实现合格人才培育、人才智力发挥、研究型与实践型科技成果孵化等社会价值实现过程输出；另一方面履行高校内部自我管理的掌控者形象，主要通过协调组织机构运行、完善自我管理模式、提高高校内部资源配置、构建高校特色文化底蕴等自我价值实现过程流转。上述行政权力管理职责活动的原则必须以高校政治权力为依托，以学术权力为基础，以市场权力为标杆，实现高校的内涵式发展。高校行政权力履行要摈除高校行政化中不利因素，坚守高校管理章程所限定的管理权限，强化高校行政权力的服务意识，创造高校学术权力充分发挥的制度环境和人文环境，实现高校与政府、社会、市场的和谐共处。

四、学术权力

学术权力是大学精神的体现，是大学内在逻辑的客观要求，是大学本质特征的外化，也是建立现代大学制度的核心。学术权力以高校学术委员会为代表，参与主体是高校教师，主要依靠学者自身的权威，采用自上而下的运行方式是高校学术权力的基础。学术权力在决定招生、考试、毕业和科研等方面拥有不可动摇的地位，就是让最有资格学习的人进入高校，了解他们是否掌握了知识，是否应该获得学位，是否有资格服务社会。行使学术权力至少包括高校的课程设置、教学自主权、教育评价权和文凭认定权，这就需要高校成立学术委员会、学位评定委员会和教学工作委员会等高校内部团体组织来实现学术权力的独立行使。

（一）学术委员会

学术委员会由科技处和研究生部负责人以及各学院和重点实验室具有正高级专业技术职称的代表组成，承担学术决策职责，包括学术水平评价、科研项目申报、科研项目评审、学术道德评审、学术规范教育、学术诚信教育、学术不端行为审查等。

（二）学位评定委员会

学位评定委员会以学科分布为主，由科技处和研究生部负责人，以及各学院和重点实验室具有正高级专业技术职务的代表组成。承担学科学位评定职责，包括审议学位点申报、学位授予、学位撤销、指导教师审查等。

（三）教学工作委员会

教学工作委员会主要负责审议学校教学工作规划和重大教学创新方案，指导全校教学工作；审议学校专业建设、课程规划、教材编订、实验室及实践教学基地建设；审议教学奖项评审，推荐各类奖学金；审议学校教学管理规章制度；审议学校教育教学研究及项目课题申报；开展教学调研等。

学术权力肩负高校生态系统中的特定组织使命，力求实现教学自由、学习自由、研究自由，与行政权力一并主导高校内部事务的决策，尤其对行政权力干扰学术自由权的行为活动必须坚守持之以恒的学术理性和自由平等的学术资格，重视学术权力的基础建设和学术人才的自我权益保护。

第四节 健全机构设置

高校作为一个组织存在，组织架构和制度安排必不可少。我国高校创新基于创新理念和职能定位以及对权力结构制衡的思量，在科学合理决策体制之下，需要实施合理的机构设置满足创新的需要。正确的创新理念要求机构设置多元化和民主化；精准的职能定位要求机构设置简约化和扁平化，建立科学合理的横向组织机构；制衡的权力结构要求机构设置制度化、规范化和程序化；科学的决策体制要求机构设置开放化和具有时代性。我国高校的机构设置主要包括决策治理机构、行政执行机构、学术自治机构和监督反馈机构四大类。分别是高校政治权力、行政权力、学术权力和市场权力行使的载体，是权力运行有效的制度安排，是高校创新理念的现实选择和职能定位的理性判断。

一、决策机构

由于我国高校的政治权力与行政权力被统一为行政权力,政治权和行政权的权力制衡要求决策机构和行政机构必须相互独立。高校应成立专门的决策机构,即高校决策联席委员会。高校决策联席委员会应包括:高校党委、教育机构代表、教师代表、学生代表、校友代表和社会知名人士代表等。高校决策联席委员会的组成首先是高校内外构成主体和外部联系紧密者,决策联席委员会的成立和职能行使依据高校章程的具体规定,其常设机构是高校党委办公室,下设三个处,即共青团、国有资产处和组织处。高校决策联席委员会不介入高校具体管理过程,根据高校章程阻止行政权力的越界,问责学术权力的违章,以及调和二者的冲突。高校决策联席委员会融合了行政权力、学术权力、市场权力和政治权力的代表,进行高校内部自我控制与管理,自我决策、自我审视自身发展过程中的问题和重大事项。高校决策联席委员会的召开程序和成员构成及决策制定和实施均由高校章程规定,是高校总体决策和方向性、政治性的决策机构。

二、行政机构

高校的行政执行发起人是校长。校长办公会包括校长、行政各处处长,主要针对高校内部事务进行行政执行,召开的频率更高,参与执行的人数更多,执行的效率更高,关注的对象更细,主旨是服务高校、服务师生、提供保障。校长办公会的常设机构是校长办公室,负责组织、安排和协调校长办公会的召开、高校内部事宜以及对外事项发布。在高校章程的制度安排下和政治权力的委托代理关系下,成立以校长为首的行政执行机构,下设人事处、财务处、医务处、总务处、就业处、保卫处、外联处等校级层面行政服务保障机构和各学院里设置的院级层面行政服务机构,学院办公室由辅导员、学院行政主任等行政人员构成。

三、学术机构

在高校章程的制度设计和保障下，成立学术委员会、学位委员会和教学委员会三大学术自治机构。分别设有学术工作部、学生工作部和教学工作部，主要工作涵盖高校学生的招生、录取、选课、学术活动、学生活动、学习安排等。高校各学院也分别成立以上学术工作部、学生工作部和教学工作部的下属机构，自主管理高校师生的学习、活动、学术、科研和对外交流。高校各学院院长是学术型人才和管理英才的代表，是学术权力的代表，不依附于行政权力而自主实施管理，以"三会"（学术委员会、学位委员会和教学委员会）内部宽松的学术氛围和松散的组织形式来满足本院学生对德智体美等各种技能的学习需求。

四、监督机构

在高校章程的制度设计和权力制衡体系中，成立校友会、校企联合会、工会、纪律检查委员会和审计监察处等监督反馈机构。监督反馈不受行政权力和学术权力的影响和制约，有向高校政治权力，即高校决策联席委员会提请重大事项审核和问责的权利义务。监督反馈机构既要监督反馈行政执行机构的机构设置和职责行使，也要监督反馈学术自治机构的机构设置和职能监督，配合高校决策治理机构做好高校自主发展的协同工作。

第五节 保障运行机制

高校是一个系统，包括高校内部、高校领导人和高校外部三个组成部分。高校外部是高校实现高校善治的外部环境；高校内部是高校善治的结果；高校领导人是连接高校内部善治与高校外部参与反馈的桥梁，校长产生机制又受到高校外部和高校善治结果的影响。

高校内部运行机制，体现决策、执行、监督的组织结构有高校决策联席委员会、校长、学术委员会。高校决策联席委员会由利益相关者组成，决定大学的战略与发展；校长是战略执行人、行政首脑；学术委员会是战略和运行结果的监督者。这三者通过政治权力、行政权力和市场权力相互影响制约，相辅相成，合作共存。高校外部运行机制，主要指大学外部资源的获取机制，例如大学党委、学术委员会、学位委员会。主要资源包括资金、资源和人才。获取方式既可以是通过市场竞争，也可以是通过行政分配。所以，高校外部运行主要涉及的是大学与政府、社会的关系；评价标准是大学能否机会均等获得外部资源，特别是政府公共资源。高校外部运行机制合理与稳定要依靠法律和法规，即通过法治来实现。具体来讲，运行方式的高效有赖于科学决策机制的建立、和谐外部关系的营造和有序内部关系的理顺。

一、优化机制设计

决策体制是决定运行机制是否高效的前提和基础，优化机制高效运行的顶层设计，就是要探索大学决策体制的范围、决策内容以及决策实施等活动，决策体制要服务高校办学定位和大学精神，决策内容要针对大学办学自主权和办学风格等宏观层面，决策实施要配合管理制度和高校章程的具体规定，决策机制要结合高校内部权力运行机制而布置安排。其中学校办学模式和办学水平的确立是决策的核心与前提。

在行政化高校管理模式下，大学决策体制是高校政治权力与行政权力统一成高校党委领导下的校长负责制，完全听命于所属政府机构，具体包括学校创办、校长任命、高校经费来源乃至高校教学科研等具体决策内容。同时，高校内部决策系统主导高校发展，也是基于科层制的管理模式，实行"校—院—系（教研室）"三层管理，部门负责人实施行政长官负责制，隶属关系明显，实施行政权力运行的组织结构。政府主导高校决策体制，高校内部运行来自政治权力意志表达，高校内部评价标准和依据也是政治权力价值标准和权力价值依据的再现。我国高等教育创新正是基于创新行政化高校管理决策体制和建立现代大学制度的出发点进行的，"探索建立符合学校特点的管理制度和配套政策，逐步取消实际存在的行政级别和行政管理模式"。为了解决党委领导下的校长负责制决策体制带来的政治权力和行政权力泛化，规范权力运行，推行专家治学，鼓励决策参与，需要重构高校内部决策体制。

首先，完善高校党委领导下的校长负责制，深化高校决策联席委员会和校长负责制两个决策体制。高校党委和校长的民主集中制决策体制可以深化为高校决策联席委员会和校长负责制两个决策体制以避免政治权力和行政权力的混淆和结合。高校党委作为学校政治权力的核心，其权力来源于国家，在高校中处于统治地位。我国高校党委肩负重任，总揽全局、协调各方、统一领导，主要是把握正确的办学思路，确定办学目标，明确办学任务，体现出我国高校的四大职能，实现高校的内涵式发展。高校决策联席委员会是以高校党委为主导，由高校内部各团体和部门的党员构成，职责很明确：遵守高校章程，把握高校方向，抓好大事，做好协调沟通。该委员会不设实体机构，仅设高校党委作为实体组织，负责委员会的召开、组织、成员资格审核、会议发布等具体工作，为高校决策联席委员会服务。不参与、不干涉、不过问高校内部管理，只负责行政权力越权纠正（高校章程）、学术权力与行政权力调和、政治权力问责权行使。我国高校校长作为高校的法定代表人，在高校章程的明确界定下，积极行使行政职权，全面负责高校的内部管理和组织建设。

其次，提升学术权力，体现大学精神。我国高校决策体制的健全与否最重要的课题是培育学术权力的权力地位，成为行政权力的平等制衡权力。学术权力的主体是学者，按照高校章程，保护学者个体学术权力的学术自由，使学者成为自身学术工作的主导者和发起者，不依赖于行政指导，靠市场权力奠定自身学术权威。根据高校章程，建立自我评价和选拔机制，实施扁平化、非集权、松散的自主管理模式，通过学术机构（"三会"）来主导和行使高校学术权威，实现学术自由。

最后，推动制度创新，确立高校章程的崇高地位。民主和法治是时代进步的标志，更是大学发展的基础，建立现代大学制度就是要保证大学的学术自由，营造兼容并蓄、和而不同的学术环境和氛围。高校章程是高校的最高法则标准和权力界定规范，是现代大学制度的最重要载体，也是高校政治权力、行政权力和学术权力的关系和纽带，涵盖信息公开制度、质询制度、人事罢免制度、问责制度、激励制度。针对高校校长负责制下的决策体制，需要遵循依法治校、民主管理，这是社会主义政治文明在大学的集中体现。具体表现为：第一，行政决策主体参与多元化。广泛鼓励高校师生参与学校的发展和建设，使决策科学化、规范化和专业化。扩大高校教师的权利，教师拥有自主治学权和参与决策权等相关权利。学生是大学决策的利益相关者，学生应该而且有能力参与决策，因此要提升学生在高校内部管理中的地位。适当削弱行政人员的权力，充分吸收校外各界人士参与高校决策，实现大学管理民主化和治理多元化。第二，决策过程参与民主化。推行校务公开，既要公开决策过程，还要公开决策结果。根据高校章程管理办法对凡涉及师生员工切身利益、需要师生知晓以及高校管理规章制度等事项，均应通过高校的网页、校报、公示栏、微信公众号等媒体媒介及时准确公开。第三，决策反馈沟通协调。建立决策事前意见征集、决策流程沟通、决策意见诉求归集、决策结果反馈改进机制，保持信息沟通顺畅和回应解答及时。

二、营造机制外部环境

机制高效运行环境的构建主要着眼于两个关系的处理，一是与政府的关系，二是与社会的关系。和谐外部关系的营造一方面要弱化政府与高校的关系。

首先，从高校的本质属性来看，政府与高校的监管与被监管的角色定位需要重新审视。高校是国家教育发展的重要组织，基于高校教育事业的公益属性，政府作为国家的管理机构必须对高校进行监管管理。政府监管权与高校自主权是我国高校教育管理中的一对矛盾体，过多监管势必扼杀高校自主权，过分放权也将难以保证高校发展的正确走向。为了实现政府监管权与高校自主权之间的适度平衡和职责定位，需要弱化政府在高校发展过程中的直接监管权力，转换成契约形式的制衡监管较为合理。

现代政府理念主张有限政府、法治政府和服务型政府，目前我国正处于事业单位创新的攻坚阶段，我国高校按照《中共中央 国务院关于分类推进事业单位创新的指导意见》中的事业单位类别划分，承担高校教育等公益服务，划入公益二类。这就意味着高校的公益属性和市场属性需要被同等重视，要发挥市场配置资源在高校教育发展中的作用。在市场经济条件下，我国高校不可能脱离市场而存在，高校中的市场因素已经开始显现。例如，教授聘用的价位已经远远超过政府对高校教授事业单位编制工资的限制。同时，高校也不能被市场掌控，不能完全推向市场，不能失去培养高素质人才的公益目的性。为了保证高校发展不脱离社会主义的方针政策，最终实现国家人才培养计划的国家利益，政府对高校的监管是必要监管。必要监管即由政府直接管理转为间接管理，由微观管理转为宏观调控管理，由严格从属地位管理转为平等契约制衡管理。政府通过明确的权利义务内容来监督约束高校，就可以达到政府与高校的适度平衡。

其次，从高校的发展历程来看，政府与高校的教育行政管理模式需要变革。我国高校教育管理自新中国成立就采取高度集权的管理模式，同时政府作为高校的出资者和举办者，政府管控沿用计划经济体制传统，加之我国数千年的官本位思想的传承，我国高校行政化是一个不争的事实。我国高校在整个构成和运行方面与行政机关的体制构成和运行模式有着基本相同的属性。我国高校接受政府行政管理的统一模式、统一标准和统一步调，自上而下进行建设和发展，形成了高校办学自主权的本末倒置。高校内部行政人员成为学校运行的核心，教学科研人员丧失了对学校的支配权，导致高校主体出现混乱。

为了确立高校学术权力本位，实现高校行政权、学术权和民主管理权相互制衡和监督，改变高校作为政府附属机构的历史地位，需要转变教育行政管理职能，充分尊重高校的独立主体地位。政府只需要在高校自主权的约束方面，即教育目标、教育质量、人才培养、教育经费等方面进行详细约定。允许高校自主制定教育计划、自主开展科学研究、自主确定内部机构设置和人员、自主管理和使用财产。政府对高校的管理主要职能是制定高校教育发展规划、进行宏观调控、提出指导建议等，不干涉高校内部事务，从而形成合作关系。有的学者认为市场经济环境下国家对高校教育的干预和调控活动是市场调节机制的一个必要补充手段，其目的是完善高校教育的管理体制和运行机制，其性质属于宏观性的第二次调节。

营造和谐外部关系的另一方面是要密切高校与社会的关系。高校作为知识组织，其职能在于通过教学传承知识，通过科研创新知识，通过社会服务应用知识。传承知识、创新知识、应用知识都是服务于学生和社会。塑造学生人性、完善学生人格、培养学生技能从而为社会发展提供智力支持保障是大学的崇高使命。高校的外部运行机制包括政府、家长、社区、教育机构和就业市场等多因素对高校发展和决策的资源交换和流通，在独立政府作为高校产权代理者的身份属性前提下，弱化政府与高校的关系，高校通过何种方式和办法加强其他社会资源的获得和输出成为高校发展的集中指向。

高校与社会的关系在不同的社会发展过程中呈现不同的表征，从农业时代的社会体系之外到工业时代的社会体系边缘再到知识经济时代的社会中心，高校与社会互动发展、渗透结合、共赢共存是源于二者的交集。高校的科技创新和人才优势能够形成产业化和信息化，这恰恰满足了社会自身需求，在社会区域经济发展、产业科技进步和谋求发展的基础上产生互动。互动的内涵包括合作项目、教育基地、继续教育工程、工程研究中心、远程教育、科技园、绩效技术和管理理念等多方面。高校教育不断适应社会发展的要求是二者互动的动力基础，合作共建联合机构是二者互动的运行保证。通过政治、经济和法律手段进行调控落实现代社会与高校的关系可以概括为社会需要和资源输送来满足高校内部发展，高校秉持开放、自由、民主的精神充当社会前进的精神导师。

但是高校与社会的密切联系是建立在高校独立自主办学的前提下，即高校是为社会服务的教学科研中心，不是社会中企业的一分子，高校办学自主权、财政自主权是基于政府投入和问责调控，不会用市场规律来主导高校发展。高校对国家和社会的文化和精神等无形资产以及基础知识研发和社会公共利益至上的教学理念是大学必须坚守的阵地。与此同时，社会对大学的认同和资源投入是有条件的，要求更多的社会参与和决策反馈。

高校与社会的这种"若即若离"的良性互动关系可以表述为："若离"是思想、理智活动的独立和对高校外部运行机制保持相对独立；"若即"是高校与社会密切联系，互融互洽。高校与社会的良性互动主要表现为，一方面，社会是高校的外部环境和基础，高校以社会为存在前提，汲取社会文化和社会资源完善自身；高校的人才培养和科技输出对象是社会，以满足社会需要和人类发展为社会价值追求。另一方面，高校作为社会的中心力量，指导社会体系的健全和完善，同时接受社会体系的适度介入和环境影响。

我国高校教育管理创新中的运行方式需要接纳高校与社会的"若即若离"的良性互动关系。高校毕业生要在生源市场、教师市场和院校市场中保持竞争力，高校必然要提高学术质量，采用最有效的学术管理办法，否则就会面临生存的危机。考虑到学术知识的复杂性和动态变化性，我们认为在竞争性的学术市场中专业的自我管制仍可能是最有效地保证学术标准的方式。同时社会融合到高等教育的知情选择权、参与权，能够从多层面和多角度参与高校决策和高校管理的具体工作，平等地位的参与权，使个人和社会利益与高校团体利益形成利益共同体，促进高校与社会和谐发展，形成开放、负责、包容和平衡的互动状态。

三、建构机制内部设计

高校教育管理创新运行方式的关系理顺中，内部关系是创新成功的重要保证。高校管理根本上是以学术为中心的管理，其目的是促进学术的发展。学术管理的基础是学术思想的自由，发挥学术权力的主导作用，贯彻学术自由、民主管理的原则，在大学内部营造民主的宽松的学术氛围，为科学创造提供良好的学术环境。理顺大学内部关系主要是协调行政权力和学术权力的关系，落实高校办学自主权，遵照高校章程，依赖高校内部合理的机构设置，实现高校善治。本质上来讲，理顺高校内部关系是多中心化治理过程。

首先，健全和完善高校章程。高校章程是高校内部权力运行的法制基础，是大学内部权益相关者制度化的规范文件，是大学管理运行的纲领性指导。高校章程必须落实高校内部政治权力、行政权力、学术权力和市场权力行使等相关制度性规定，为高校管理创新提供法律依据。其次，优化高校内部决策权力结构，确保学术权力在学术管理中的主导作用。明确"三会"的具体职责，行使学术范围内的决策、管理、监督、实施和咨询职能，加强"三会"组织建设、人才建设、制度设计，依据高校章程坚守学术道义、大学精神以及校训。建立质量为上的学术评价制度，建立公开、透明、公正、严格的聘任、晋升、科研激励制度，让学术管理回归学术本位。彰显严谨求实的学术态度和风气，确保学术评价活动的独立自主评议。最后，完善大学校长负责制，提高行政管理水平。依据高校章程，完善规范大学校长行政权力的行使范围和权限，使其专注于服务学术、服务学生和服务学校的目的。大学校长应具有教育管理能力和现代管理能力，行使对大学行政事务的全权处理，接纳吸收市场权力的决策参与咨询、意见反馈，公平处理校务与学术的从属与主体定位纠纷，尊重学术、尊重教授、重视人文建设。促进高校内部组织机构设置扁平化，提升行政管理人员的服务意识和业务技能水平。完善高校人事制度、后勤管理制度、财务管理制度、信息管理制度等行政管理具体制度。

第四章　高校教育管理创新发展的举措

第一节　高校学生管理的创新举措

一、树立科学管理理念

（一）管理必须以学生为中心

1.强调人的主体性

其一，众所周知，人的主体性是人作为活动主体的质的规定性，是在与客体相互作用中得到发展的人的自觉能动和创造的特性。就此观点而言，在学生管理工作中，大学生既可以被视为管理的主体，又可以被视为管理的客体。这是因为高校学生管理的本质是对大学生进行相应的管理。从管理决策、组织实施、最终目标的实现等角度来看，都需要大学生的参与。如果在管理的过程中没有大学生的参与，那么该管理工作可以说是毫无意义的。由此可知，大学生是高校管理工作中的主体。其二，在高校学生管理工作中，大学生是被管理者。这是因为在管理过程中，大学生需要管理者的相关引导。如果仅从该方面来讲，那么大学生无疑是管理的客体。

由此可知，在高校学生管理工作中确立"以学生为中心"的思想是十分必要的，同时也是十分重要的。因为这一管理活动的实施归根结底是为了更好地服务于大学生。所以相关人员有必要尊重大学生的人格特点，并最大限度激发出学生所具备的主动性与创造性，使其能够主动接受管理，并以主体的姿态参与到自我管理活动之中。

2.注重人的主观特性

人是具有思想和感情的动物,人的认识过程是较为复杂的。理性思维建立在人的欲望以及情感之上,正如俗话所说,"理乃情之所系",从这一点不难看出,人的欲望以及情感等基本需求是理性的根本动力。如果人类的情感以及非理性本能被长时间压制,就不会有所谓的理性之光存在。

人与人之间必须具备一定的心理基础,才能进行相关信息的交流与传递。如果教育者与受教育者之间的交流是建立在信任的心理基础之上的,那么受教育者便会很愿意接受教育者发出的信息以及目标要求,且在此过程中产生积极的行为效应。

高校学生管理者和大学生是组成高校学生管理工作的两个重要组成部分。简言之,他们是由"人—人"构成的管理系统。在整个管理过程中,如果不渗透"人性",不对师生情感加以重视,就很难调动大学生的积极性和主动性。因此,要消除管理制度中的冷漠性,就需要加入情感因素,使其作为润滑剂,提高管理工作的效果。

所谓情感管理,即管理者在管理过程中,要尊重人的个性特点,考虑人的情感因素。在高校中,情感管理强调教师与学生之间的双向情感交流,反对和防止任何践踏和伤害学生情感的管理行为。要做到"以情感人",相关管理者就要在办事过程中做到急学生之所急,想学生之所想,真心实意地为学生服务。除此之外,还应当及时与学生进行沟通,争取在短时间内对学生的实际情况有所了解,有针对性地给予帮助和引导,从而达到最终的教育管理目的。

3.尊重人的个体多样性

第一,市场经济中有一个颇为重要的理念,即客户不一定对,但是客户很重要。学生是学校的主体,这是不可否认的事实,学校应当以学生为中心。如果将上述所说的市场经济理念与学校教育结合起来,那么便可以得出"学生不一定都对,但是学生很重要"这样一个观点。

只有相关管理者认清并接受了这个观念之后,才可能做好学生管理工作。师生之间的关系应当是和谐的,而不应当是对立的。教育者与被教育者之间的关系也是相辅相成的。因此,各高校定期举办师生交流活动是很有必要的。学生在接受教师教育的同时,也会对教师产生一定的影响;而教师在教育学生的同时,也在接受教育。

第二,学生管理工作应当重在服务。服务是高尚的、相互的。可以说,每个人都是服务的对象。如果没有了服务对象，那么我们的工作也就失去了意义。"以人为本"是切实的。相关管理者不应当只将其作为口号喊喊便不了了之。

第三，强调自我管理模式。该管理模式主要指学生在学校的正确指导下，运用现代科学的管理方法，根据学校教育的培养目标以及教育目标对自己的行为及思想进行自我调控。

要知道，激发学生的主动性、创造性和积极性是高校学生管理工作的重要目标之一。从这个角度来讲，高校管理的主客体具有相同的目标，即学生希望自己能够成才，管理者希望培养出优秀的学生。

那么，在信息、经济和科技发展迅猛的时代，学生管理工作应当向学生的自主管理转变，以便更好地适应新情况、新形势。在此过程中，学校管理者要让学生了解学校管理的目标，从而消除学生在被管理过程中产生的对抗以及消极思想，在真正意义上化管理为大学生的自觉行为。从心理学角度来说，没有谁喜欢被他人管理，人们往往可以接受领袖、楷模的影响，但很难接受管理。学校管理者在学生的自我管理过程中应该做到以下几点：

（1）让学生自己设定管理规范。这样在执行的过程中，学生的自觉性会更强。

（2）少一些限制，多一些自由；少一些制度，多一些文化。

（3）使学生主动参与到学生管理之中，并使其在该过程中充分发挥自己各方面的潜能，锻炼自己，同时约束自己的行为，最终成为具有健全人格、符合社会主义公民标准的人才。每一个学生都应有管理他人的机会，这样可以提高学生之间的理解以及沟通能力，同时发现更多的人才。但需要注意的是，在强化学生自我管理的同时，不要忘记帮助学生寻求及明确自我管理的最终目的和意义，引导学生正确运用自我管理的方法。

第四，以表扬为主，建立激励机制。该方法主要是通过激发学生动机，引导学生行为，最终使其能够将内在潜力最大限度地发挥出来，从而实现自己制定的目标。常用的激励方法有以下几种：

（1）目标激励法。该方法可以增强学生的责任感。在激励的过程中，通过制定各种目标来引导学生不断朝着目标奋进，使他们在学习方面有奔头。

（2）信息激励法。这种方法可以使学生产生危机感，使其在学习过程中有适度的紧迫感。反馈给学生相关信息，可以达到使其朝着目标前进的目的。

（3）理想激励法。这种方法可以增强学生的自豪感，使学生朝着自己的理想奋进，实现自己的价值，努力积极面对生活、学习等。

（4）精神激励法。这种方法主要通过授予或者表扬的形式，使学生不断前行。该种激励方法主要是从大学生的文化精神生活方面出发。

（5）物质激励法。这种方法可以调动起学生的积极性，通过一些物质奖励满足大学生的日常生活需要。

（二）以引导替代限制

在社会快速发展的过程中，不管是自然科学还是社会科学，都出现了诸多新问题。面对这些问题，不论是学生还是教师，都会感到不同程度的困惑。这说明我们不能简单地对某些事物持绝对的肯定或者否定态度。

管理者要善待少数人，因为他们手里往往握着真理。针对那些一时不能解决的问题，尤其是对与学生创新有关的事物，先不要去下定义或结论。管理者需要做的只是告诉学生什么是不可以做的，什么是可以做的，什么是底线等。

对于一些思维比较活跃的学生，管理者不应当加以责罚或歧视，而是应当加以引导。师生之间也应当建立起相对和谐、良好的关系，心平气和地沟通，进行平等的交流和互动。

二、完善学生管理体制

不断加强和完善学生管理工作机构建设，同时强化其组织协调功能；进一步梳理学生管理系统的各部门以及层次、岗位职责等，做到各岗位人、责、权的统一。

促进基层作用的发挥，适当放权。与传统高校管理体制有所不同，当前的高校管理体制担负了双重任务，即对学生进行思想教育和行政管理，该双重任务主要以校、系两级职责分明、条块结合的学生工作运行机制和网络为显著特征。所以，基于该层面，各系应当具有开展学生管理工作的职责和权力，还应当做到责权统一。也就是说，要想及时发现并解决问题，高校就要适当下放管理权，这对于管理工作效率的提高也是有所帮助的。

在实行学分制的同时，推行和实施年级辅导制。这主要是为了进一步强化以系为单位的年级管理，从而提高专业教学与班级管理间的融合度。需要说明的一点是，上述这种做法并不意味着对班级管理的否定，因为基于学分制的学生班级实质上仍是相对重要的学生单元组合，应当被纳入学生管理体制中。

通过对传统高校学生管理体制以及当前高校学生管理体制的深入研究，笔者认为建立"精而专"的学生教育管理部可以改善学生管理体制。高校有责任和义务担起我国社会主义建设的重任，为培养新一代现代科学技术的传承者和创造者尽心尽力。

从宏观上来看，要建立一个"精而专"的管理模式，就需要设立一个学生教育管理部，简言之，把各个部门兼职管理的学生事务交给学生教育管理部系统来处理。这种管理体制结构实际上是对目前分化的学生管理机制的整合。

从某种角度上来讲，将"专兼管理"这种间接管理的模式转变为"精而专"的直接管理模式，能在一定程度上起到积极的作用。一方面，它有利于组建专业学生工作队伍，取消系一级学生管理的中间环节，形成畅通的信息渠道，从而提高整体工作效率；另一方面，它将"小而全"转变为"精而专"，可以使学生管理工作形成一个相对专一的学生工作体系。

除此之外，高校学生教育管理部还有以下几点作用：

第一，随着科技、经济、信息的不断发展，高校学生教育管理工作也在发生着巨大的变化。由于它所涉及的内容十分广泛，也就决定了它的内容相对复杂。学生教育管理部的出现，使招生、奖惩、勤工助学、心理咨询以及就业等一条龙服务得以顺利实现，可为大学生的健康成长，以及未来的就业提供较好的服务保障。由此可见，它使学生服务体系更为完善。

第二，高校学生教育管理部的出现，可减少诸多中间环节，摆脱复杂的工作局面，使工作更加迅捷有效。高校学生教育管理部具有一致的工作目标，其工作具有专一性和稳定性，可为高校学生管理奠定专业化基础。除此之外，各系在该体制下不再对学生进行管理，各系的领导便可主抓教学改革，从而使高校的整体教学质量实现质的飞跃。由此可见，它能在一定程度上推动学生教育管理工作向专业化以及科学化的方向发展。

第三，高校学生教育管理部将对全体学生管理干部进行统一管理，使相关人员的属性趋于一致，相对集中的管理对日常工作的安排而言也是极为方便合理的，能在很大程度上提高工作效率。

三、健全学生管理制度

（一）依法制定相关制度

在对大学生进行管理的过程中，高校应当根据相关法律制定并实施各种规章制度。除此之外，还应当对现有的一些规章制度进行完善或清理。高校应当保留和继承此前有效的改革成果以及方法，摒弃那些无效或是效果不佳的方法。同时，相关规章制度应与依法治校原则的要求相符。最重要的是，要使学生享有合法权益，这样才能切实体现出规章制度存在的价值。

（二）更正错误观念

将法律视为处理一切校园事务的工具和手段，是一种片面的观点。部分学校总是把法治化管理错误理解为"以法治校，以法代管"。要知道，这里所说的"管理"并不是管制的意思，而是管理与服务的统一。在管理学校的过程中，管理者应当时刻将法律作为最高权威和依据，因为法律不仅具有预防、警戒和惩罚违法行为的基本功能，还具有指引、评价和预测人们行为，保护、奖励合法行为，以及思想教育的基本功能。

四、改进学生管理方式

（一）学生管理工作进网络

1.加强思想教育

高校提高大学生自控能力是很有必要的，应当定期举办一些关于网络知识以及心理方面的讲座，针对学生上网问题，对学生进行正反两个方面的思想教育，使学生形成责任意识，懂得分辨健康与不健康的信息内容，增强分辨是非的能力。

2.加强网络管理

第一，各大高校应当从校园网主页的质量方面入手，严格入网要求。第二，各大高校应当与校园外界网吧进行联系，防止有害信息入侵。第三，各大高校应严格控制学生上网时间，确保其不会因熬夜过度而影响身心健康。

3.鼓励和引导大学生参加健康活动

经历过高考之后，大部分学生会感觉大学相对自由，且在课程时间安排上比较宽裕，自然就会有更多闲暇时间。高校应当充分利用这些闲暇时间，开展一些健康向上的活动，如计算机比赛、古诗词朗诵大赛、校园歌手大赛等，并鼓励和引导学生参与活动，使学生在闲暇时间既能放松心情，又能得到各方面的锻炼。

（二）学生管理工作进社团

1.提高校园社团活动的文化层次

目前，一些高校在建设校园社团文化的过程中，出现了"三多三少"现象：社团名目多，但具有吸引力的少；娱乐型内容较多，涉及思考以及启发型内容的相对较少；校园内部的活动颇多，但真正能够拿出去的东西少之又少。

造成上述这种现象的原因主要是校园社团文化活动层次普遍较低，因此加强校园文化建设，使其更符合大学生的理解和欣赏水平是有必要的。

2.加强对学生社团的管理

第一，学生社团应当在法律、校园规范允许的范围内活动，服从学校的各项管理规定。第二，当学校社团需要邀请校外人员举行相关学术或社会政治活动时，应当经过校方同意。第三，学生社团内创办的面向校内的刊物，须经学校批准，并接受学校管理。

3.重视文化活动的长期性与实效性

部分高校只在一些重要节日举办相关活动，在其他时间举办活动的次数屈指可数。这种只追求轰动效应的行为，是不能在真正意义上使学生受益的。各高校应当减少或避免这种现象的发生，重视开展校园文化活动的实效性以及长期性。

第二节 高校教学质量管理的创新举措

一、做好标准化工作

（一）制定明确的教学质量标准

教学质量形成的全过程和各个环节中都必须有明确的质量标准。否则就难以准确衡量和评定教学质量的优劣程度，也难以准确地判定究竟是否全面地贯彻了党的教育方针，是否实现了管理目标。所以要实行教学质量管理，就要研究和制定评定教学质量优劣程度的标准。各科教学质量的标准是以各科教学大纲、教学计划和教科书为依据而制定的。教导主任要按照国家颁发的教学计划排课，要指导教师学习教学大纲，钻研教材。教师要按照教学计划、教学大纲和教科书的要求上课，并且在每个学年、每个学期、每个单元、每一节课的教学过程中和各个环节中去落实。因此，教导主任要协助校长研究并制定教师教学工作各个环节的质量标准。

（二）制定明确的学习质量标准

只有管理者明确了学习的质量标准，才有可能使学生明确每一学年、每一学期、每一单元、每一节课的学习任务和要求，从而主动地完成学习任务，达到学习要求。有些地方、有些学校提出的分年级要求，提供的教学参考资料，就为有关学校和教师制定学生学习质量的标准提供了有利条件。作为分管教学的校长和教导主任，应当充分利用这些条件，研究并制定学生预习、听课复习、做作业等几个环节的标准，而且要严格检查，通过学习质量标准化的工作，调动学生的学习积极性，培养良好的学风。

（三）制定明确的教学质量管理工作标准

教学质量管理的所有工作都要标准化。各项工作都要有一个标准。这样，管理者才能评定其优劣程度。标准应便于执行，便于检查。例如，管理者在制定实验室管理员的工作标准时可参考以下几点：

第一，仪器、药品、标本、材料、设备等账目清楚，制度健全，随手可查、可取。

第二，要分类编号各种仪器、药品、标本、挂图、材料，存放要有规律。试剂要有标签，要定点存放配套附件，要保持玻璃仪器清洁干净。

第三，能提前一周为实验课和演示实验做好必要的准备，协助教师上好实验课。

第四，做好保管、维修、安全工作。标准要如实反映情况，不断修改，不断完善。

无论是成功的经验还是失败的教训，都应该加以总结使其标准化。待下次再做同样的工作时，可直接按标准进行，借鉴成功的经验，防止再次失败。这样可使学校的工作条理化、专职化，简化管理工作，达到高效率的目的。

标准化既是质量管理的结果又是下一循环的起点。所以，全面质量管理从标准化开始，到标准化告终。如此周而复始，螺旋上升，逐步完善，整个学校就会出现欣欣向荣的局面。

二、做好质量情报工作

随着社会的发展，教学质量管理在提高教学质量过程中的作用越来越大。这就促使校长和教导主任必须及时掌握学校内外教学改革信息情报。有条件的学校，还要及时了解校内外、省内外、国内外的教育科学和管理科学研究的新成果和新经验。在科学技术日新月异的今天，如果学校领导孤陋寡闻、闭关自守，那么无论如何也办不好现代化的学校。因此，学校教导处要及时收集教学研究的资料，包括观摩教学的资料、课外活动的资料、学生健康与生活的资料、学生课外阅读的资料、学生兴趣爱好的资料、学校领导听课和抽样检查的资料、教师相互听课的资料、质量分析的资料、教师健康状况和生活状况的资料等。教导主任要特别注意教学方法研究的新成果和新经验，从而开阔眼界，增长见识，取长补短，引导本校教师不断改进教学方法。此外，还要定期收集毕业生就业后的信息，以及他们本人和单位对学校的意见和建议。这也是衡量学校全面贯彻党的教育方针的一个重要方面。

为了使学生身心得到全面的发展，辅导员要及时了解学生在校外的表现情况，并将重要情况及时向教导处汇报。教导主任要亲自研究"三好学生"的发展情况和规律，研究各科"拔尖"学生的发展情况和规律,研究优秀辅导员和优秀教师的发展情况和规律;要充分发挥各种质量情报和教学资料的作用。教导主任要指导教导员,或者亲自整理分类。属于教学资料的,由资料室整理保管;对于属于学生品德方面的校外信息,教导处应将之传递给辅导员;对于查有实据的资料,教导处应妥善保管;对于教师健康情况和生活状况的资料,在校长、党支部书记、教导主任、总务主任、工会主席传阅后,教导处应将之交给人事部门保管,并主动帮助教师克服困难。

对于教育科学和管理科学研究的新成果,图书资料室要将之及时传递给校长和教导主任。不论何种情报资料,都要有收发和报关的制度。图书资料室不可以将公共财物化为私有;对于遗失的和损坏的,要赔偿、要检讨;要建立严格的规章制度。学校领导要以身作则,这样有关职员就好办事了。对校内外的各种反馈信息,要进行科学分析,去粗取精,去伪存真,并进行由此及彼、由表及里的思索,进行综合、概括,做出正确的判断,以充分发挥质量情报的作用,这是教导主任义不容辞的责任。

三、做好质量管理教育工作

对校长来说,质量管理是一项具有挑战性的工作。事实证明,已经实行教学质量管理,并且已经取得显著成绩的学校,就是边学边干、边干边学的。教学是一门科学,更是一门艺术,它的魅力就在于不断地发展、创新。实现教学创新、提高教学质量的办法只有一个,就是学校要坚持实事求是,从实际出发,将理论与实践结合起来。只有这样,才能少走弯路,加快全面提高教育教学质量的进程。

苏联著名的教育家安东·谢苗诺维奇·马卡连柯曾经指出,教育技巧的必要特征之一,就是要有随机应变的能力。每一个教育工作者都不能刻板公式化,要随时根据自己的实际情况,以及工作条件与学生情况的变化,找到适当的手段。实际上,一些经验丰富的校长,在管理过程中对各种教育方法、教育手段、管理方法、管理手段,都善于综合运用、灵活运用,并在运用的过程中有所发现、有所发明、有所创造、有所提高。如果所有的校长都能这样做,那么教育质量管理水平就会得到大幅度提高,学校的教学质量也必然会得到大幅度的提高。

四、做好教学质量督导工作

（一）构建健全的督导体系

1.确定合理的督导模式

我国高校应以促进教学质量的提高为重心，以发现问题为前提，以改革教学环节为途径，重新定位教学督导工作，重构与本科教学合格评估相结合的校二级督导管理机构，在二级学院成立院级督导小组，将教学督导工作重心下移，进一步强化各学院的自我质量监控功能，充分调动二级学院的积极性，发挥各学科专家在各自专业方面的优势，使督导工作更有针对性与实效性。

2.健全教学督导体系

我国高校应进一步明确督导人员的责、权、利，提高教学督导在质量监控体系中的地位和作用，强化其督导功能。教学督导体系的建立和健全，是进行教学质量监督的重要前提。只有充分发挥教学督导体系的作用，才能使质量监控更加公平合理，并且取得良好的监督和控制的效果。

（二）构建督导与服务相"融合"的体系

"导"是教学工作的重点内容，"督"是为了更有效地"导"。以"督"为辅，以"导"为主，"督"和"导"相融合才能使"导"具体到位，使"督"得到延伸和落实。督导人员要通过对教师工作的"督"，了解和掌握其不足之处，帮助他们解决教学中出现的问题，改革教学方法与手段，提高教学技能；督导人员要挖掘教师的潜能，帮助他们总结经验，形成个性化的教学风格。同时，校院两级管理部门要定期组织召开督导工作会议，听取建议，处理信息，解决督导中存在的问题，帮助督导人员提高工作效率与督导水平，以使其更好地为教学工作服务。

（三）加强督导队伍的专业化建设

学校要重视督导人员的整体素质。督导人员精通教育理论、教育管理与教学实践。建立一支专兼职相结合，专业、年龄结构合理，素质良好的督导队伍是高等教育教学改革与发展的需要,也是高校提高教学质量的必然要求。高校要加强督导队伍的专业化建设,优化督导队伍的专业结构,应要求督导人员具有专业知识、专业技能和职业道德,建立有效的教学督导人员培训机制,明确规定督导人员的职责与职权,引导和鼓励其加强理论与技术研究,提高督导工作水平。总之,高校能否顺利构建及运行教学督导系统的关键在于是否具备一支高素质的督导队伍。

第三节 高校教师管理的创新举措

一、高校教师管理指挥系统的创新探索

(一)高校教师管理指挥系统的建立

高校教师管理指挥系统的功能在于架起领导者与被领导者之间的桥梁,通过一定的管理措施和良好的沟通以及领导者的组织等,有效激励被领导者为完成管理目标而努力。高校教师管理指挥系统一般包含以下几个方面的内容:

1.人员系统

人是指挥系统的主体,离开了人就谈不上人与人之间的关系,也就谈不上指挥与领导。指挥系统中的人员包括指挥人员和被指挥人员,他们处于不同的位置,具有不同的职责。这是由组织系统中的职务结构决定的。

指挥人员借助组织赋予的权力行使其指挥的职责,采用一定的手段,促使被指挥人员完成指挥人员认为必须完成的任务(指令),而被指挥人员则接受指挥人员的指令,执行和完成任务。当然,被指挥人员不是被动地接受指挥人员下达的任务,消极地完成任务。一个完善的人员管理系统应该充分发挥被指挥人员在指挥系统中的重要作用。

在高校教师管理指挥系统中,管理者中的一部分处于指挥人员的地位,通常被称为

领导者。领导者根据目标的要求和工作的经验，提出某一阶段的任务及完成办法，但是领导者对目标的理解也不一定是完全正确的，其精力也不可能永远充沛，其所下达的某项任务与整体目标发生偏差的事是不可避免的。这时候就需要被指挥人员深入思考、提出问题，并及时解决问题，以保证整体目标的实现。当然，在一般情况下，这种调整需要得到指挥人员的首肯，这样才能保证指挥系统的协调运行。高校教师管理指挥系统更需要这种协调。

2.信息系统

除了人员系统之外，一个指挥系统必不可少的是人与人之间的信息沟通。这些信息包括指挥系统内部的信息（如指挥人员下达的任务等），也包括指挥系统外部与内部交换的信息（主要为环境信息），指挥人员不仅需要了解组织内部及组织对象的一般信息、被指挥人员处理信息的能力、组织对象的行为表现等，还要善于发现环境信息，为决策提供基本素材。新的社会形势给高校教师队伍建设带来了巨大的挑战，所以指挥人员根据对环境信息和组织内部信息的综合分析，及时调整决策，对于稳定教师队伍、提高教师队伍基本素质、激发教师的工作热情都十分必要。

3.制度系统

在一个指挥系统内，指挥人员不可能事事都照顾到，事事都亲自做出决策。一些常规性的管理活动往往并不需要由指挥人员发布任务。事实上，建立完善的管理制度系统是指挥人员直接指挥的一个重要形式。对于一些常规性教师管理内容，通过一定的制度形式规定管理的具体办法，实际上也是指挥系统必不可少的重要内容。众所周知，人的精力毕竟是有限的，指挥人员应该把这有限的精力用到处理大事上去。对于一般的管理问题，指挥人员可以通过下放指挥权的办法让被指挥人员来解决，更重要的是要用制度的形式使任务规范化，增强制度的严肃性和权威性，以达到使被指挥人员接受指挥人员间接指令的目的，从而使指挥系统更有效地发挥作用。这样做既可以提高指挥系统的效率，又可以保证指挥系统不因一些人为的因素而失去效力。实际上，如果每一项管理活动都由指挥人员直接指挥才能产生效力的话，那么管理本身的效率将十分低下，是不可能适应现代管理的基本要求的。现代高校教师管理指挥系统需要建立完善的制度系统。

4.控制系统

由于领导者不可能永远正确，那么领导者发出的指令也就有可能偏离高校教师管理的目标。特别是当某些管理指令被制度固定以后,管理系统在运行的过程中,或者由于管理者对制度的理解存在偏差,或者由于制度本身不适用于新的形势而造成管理上的失误,进而导致管理指挥系统失效。因此,管理指挥系统本身应该具有自我控制的功能。这项功能是由其控制系统来实现的。就高校教师管理系统来说,一般作为控制系统的可以是教师管理委员会等。这一系统就教师管理过程中出现的指挥失误或执行失误加以调整和纠正,以保证管理行为不偏离应达到的教师管理的整体目标轨道。

以上系统组成了高校教师管理指挥系统,缺一不可。人员系统是高校教师管理指挥系统的主体,是管理信息制度的制定和执行者;而信息系统为指挥系统提供中介,保证了指挥系统的有效运行;制度系统是指挥系统概念的延伸,可以保证指挥系统的高效率;控制系统则是指挥系统不偏离整体目标的重要保障。

(二)高校教师管理指挥系统的完善

建立高校教师管理指挥系统是高校教师管理组织建设的重要内容。而高校教师管理指挥系统的维护和进一步完善则是高校指挥系统发挥效力的必然要求。任何系统都有其建立和维护的过程,系统的维护往往比系统的建立更为重要和复杂。事物总处于变化发展之中,这种变化发展不仅体现在物质生产、经济活动领域,也体现在高校教师管理指挥系统中,因此高校教师管理指挥系统应该能充分适应这种变化,不仅要通过自身的控制系统来适应变化,更重要的是要在控制系统控制的范围之外完善指挥系统。

1.人员系统的完善

高校教师管理指挥系统是以人为主体的系统。人员系统是高校教师管理指挥系统中最重要的系统之一,其完善程度关系到指挥系统的运行状况。

(1)人员素质的提高

要完善人员系统,首先要提高人员素质。人员素质的提高包括两个方面的内容:一是指挥人员素质的提高,二是被指挥人员素质的提高。

指挥人员素质的提高主要指政策水平、领导能力和领导艺术的提高,特别是决策能力的提高。指挥人员应该具备掌握管理内容、管理信息的能力,具有处理突发事件的能力,特别是要有善用人、激发人的积极性的能力;管理者在这方面的能力要更强,因为教师通常是一些高层次的优秀人才。这就需要管理者特别是指挥人员,具有较高的基本素质和领导素质。

被指挥人员素质的提高是完善人员系统的重要内容。一切管理活动都是通过被指挥人员才得以实施的。被指挥人员通常是指教师管理组织中的一般管理者，其素质的提高主要包括：管理学科知识的增长，对教师心理素质、行为特征理解能力的训练，教师管理的特殊方法训练等。

人员素质的提高通常有以下几种方法：

第一，脱产进修。掌握管理理论知识、教育科学知识最好的办法就是脱产进修。通过一段时间的学习和提高，达到完善知识结构的目的。

第二，在实践中积累经验。教师管理活动是一种实践性的活动。管理工作的经验只有在实践中才能形成，因此注重在管理实践活动中提高管理者的相应能力，是管理者素质提高的重要途径。

第三，不断提高自我修养。提高管理者素质的关键是提高自我修养。外在的作用必须转化为内在的动力才能成为促进管理者素质提高的重要因素。

（2）人事协调

人事协调是一个广泛的概念，不仅包括人际关系的协调，也包括人事结构的协调。协调的人事关系和人事结构是一个指挥系统发挥高效力的必要条件。一个有效的指挥系统需要有一个高效的指挥队伍。在一个高效的指挥队伍中，组织中人与人之间的协调关系是十分重要的。要想实现人事协调，指挥队伍中的每个成员就必须具有共同一致的管理意识，可以创设相互合作的群体环境，形成协调的群体结构等。共同一致的管理意识是使管理人员向着一个共同目标努力的重要保障。相互合作的群体环境则是完成管理任务的必要条件。互相倾轧的环境不可能产生好的效果。而协调的群体结构是组织效率优化的重要内容。老中青的结合、异质性格的结合、不同学科人员的结合都是协调群体结构的重要内容。

2.制度系统的完善

制度系统在指挥系统中的作用不容忽视。完善制度系统和建立制度系统同样重要。制度系统的完善包括两个方面的内容：

（1）制度系统的修正

制度系统的完善不是指制度系统的重建，而是主要指在原有系统基础上的修正。教师培养制度、教师职务评审制度、教师职务聘任制度、教师工作质量评价制度等一直在教师管理系统中起着重要的作用。在教师管理过程中，由于环境、形势、对象等的变化，管理者应对解决问题的措施、办法及时做出调整，如在教师职务评审过程中对某个教师的突出贡献给予特定的评价。

当然，修正制度系统绝不是为了否定制度系统本身的严肃性和权威性，而是为了充分保证制度的连续性和长效性。管理者对制度系统的修正必须慎重考虑，决不能因为某个个人问题使整个制度系统出现间断，进而使制度系统失去它的公正性，否则就不可能使制度系统产生其所应该产生的作用。

（2）制度系统的自我调控

制度系统本身是严肃的，但这绝不是说制度系统是死板的。制度系统的运行恰恰需要其具有必要的灵活性。通常，制度系统一旦建立，无论是教师选任制度、教师职务评聘制度还是教师工作质量的评价制度，都应该具有稳定性和持久性。但事实上，由于人的管理本身的局限性，不同的人在不同的环境下所出现的问题不可能一样。比如教师职务评审，由于每一个教师的成果、工作业绩、思想状况都不一样，所以用一个固定的衡量标准来对不同对象加以衡量比较是一件复杂的事。再加上环境不同、学科内容不同，不同管理者对制度的理解也不同，用一个固定的标准来衡量不同的对象并不合理。这就要求制度本身具有一定的灵活性。也就是说，制度本身不仅是一种普遍适用的指令，而且在对某些特殊问题的处理上应具有相应的灵活性。这实际上是制度系统自我调控的内容。除了指挥系统本身的修正外，制度系统自我调控也是十分重要的。这是制度系统完善最重要的内容之一。

（三）高校教师管理指挥系统的运行技巧

系统的运行过程主要是指系统各要素为达成系统目标而进行的活动过程。高校教师管理指挥系统的运行过程也是指挥人员通过指挥管理活动的实施，从而使高校教师管理的整体目标得以达成的一个完整过程，其中最重要的部分就是调动教师教学、科研工作的积极性和主动性。这是高校教师管理活动的主要目的。而教师管理指挥系统的运行过程也正是激励教师发挥作用的过程。

1.激励与激励因素

管理工作涉及如何为达成共同目标而在一起的人们创造并维持一个良好的工作环境。所以,如果一个管理者不知道怎么样去激发人的积极性,就不可能胜任管理者这一岗位。事实上,所有那些对某一个组织的管理工作负有职责的人都必然要把能激励人们尽可能有效地做出贡献的因素体现在整个的组织系统中。

(1) 激励

激励能够激发人的积极性和创造性。激励与人的动机密切相关,人的行为是由动机支配的。而动机又是由需要引起的。人们的行为不管是有意识的还是无意识的,都是基于需要而发生的。因此,行为学家们把促成行为的欲望称为需要。管理者要激励他们的下属,实际上就是使下属的需要得到满足。

(2) 激励因素

激励因素是能够促使人工作的因素,通常包括较高的薪水、有声望的头衔、职务、同事们的捧场等。激励措施反映了人们的各种需求、欲望,促使人们去实现自己的愿望或目标。同时,激励措施也是调整需求冲突的一种手段。

一个管理者可以创建一种可以激发出下属工作动力的环境。例如,教师在一个享有较高知名度的高校工作,一般会因受到激励而为维护高校的知名度做出贡献。同样,一所管理得法并取得显著效果的学校也会提高教师管理质量。有效的教师管理活动必须把每一个教师的干劲充分地激发出来并使他们的需求得到满足。

2.激励的艺术与技巧

激励是使有利动机得到强化,使不利动机得到削弱的过程;或是肯定某种行为,使其动机得到强化,否定某种行为,使其动机得到削弱。激励的方法是多种多样的。教师管理的激励措施更具有特殊性。教师作为高层次的人才个体,其需要有着不同的特点,他们除了基本需要外,高成就的需要在教师需要中占据重要的地位。人的需要不同,针对其所使用的激励方法和技巧也应不同。

(1) 利益激励

要使金钱成为最有效的激励因素,教师管理者必须谨记以下几点:

首先,金钱对于那些较为年轻并正在抚养一个家庭的教师来说,比对那些在金钱的需要方面已经"到了顶",不那么急需的教师来说更为重要。这里的金钱包括与金钱相关的物质，如住房、生活条件等。

其次，就目前来说，正如管理理论所指出的那样，金钱主要是一个组织配备并维持足够的人员的一种手段，而不是激励的因素。因此，在人们看来，工资是他付出劳动的一份报酬，很难具有较大的激励作用，而且不少学校的奖金也不具备激励的作用。

最后，只有当预期的报酬与一个人现在的收入相比，差额较大时，金钱才能成为一个人的工作动力。而目前的问题是大部分额外工资和薪金，甚至奖金并没有多到足以对教师产生激励作用的地步。另外，金钱激励也往往带有一定程度的副作用。在其中一部分人得到额外的报酬或工资（津贴）的时候，另一部分人或许会因为没有得到而不再努力，从而对教师工作产生消极的影响。这也是管理者必须充分认识到的重要内容。

（2）参与激励

大学教师普遍具有强烈的学者意识，往往不希望管理者过多地干涉他们的工作。也就是说，大学教师具有不开放的接纳管理的心理特点。针对这一点，管理者应该让教师进行自身管理，参与到有关政策、制度的制定和决策活动中来，以使教师个体在心理上产生一种自觉的意识。这样，教师通常会认为决策是个体意志的反映，因而对工作的满意度较高，较易产生极强的工作积极性。

有很多教师不关心教学质量的要求，也不关心教师培养的规划，只是凭着经验来组织教学、科研活动，甚至对教师管理也有抵触情绪。管理者为实施有效管理而制定的一些政策、措施，在他们看来竟是一种管制教师的"枷锁"，而不能自觉地参与管理活动中来，从而导致许多制度执行效果不佳。这一点很值得管理者引起足够重视。管理者应该使教师了解教师管理的过程和具体内容、有关规定，让教师参与到决策活动中来，改变管理者与教师之间的这种不协调关系，调动教师参与管理、配合管理的主动性，以保证教师管理的有效运行。

二、高校教师岗位分类管理的创新探索

增强教职员工在工作中的活力和创造力，分类管理教师岗位，建立竞争科学、激励有效的现代大学人事制度，是我国高校人事制度改革的重要内容。但目前的高校教师岗

位分类管理仍然存在一些问题，如缺乏分类的科学依据，设立的层级过多，岗位设置具有明显的功利性等。因此，人事制度改革应使教师岗位的竞争性与教师职业的自主性有机地结合起来，努力使教师的人事安排既能达到激励的效果，又能保证教师得到自由的发展。

（一）加强高校教师岗位分类管理的意义

第一，我国大部分高校目前对教师的分类是不够细化的。这不利于不同类型的教师充分发挥出不同的作用，也不利于教师队伍的积极性的调动。所以，加强高校教师的岗位分类管理是非常有必要的。

第二，在教学、科研和管理上，不同类型的教师有不同的偏好。每个教师都有自己的优势和劣势，每个教师都有不同的潜力和特征。在岗位设置上，只有让更适合这个岗位的人去做这个岗位的事，才能将每个人的最大潜能发挥出来，才能达到良好的工作效果。这样做，不仅符合教师自身发展的内在需求，也是人力资源管理的基本要求。

第三，社会对高等教育有很高的期望和要求。只有加强高校教师岗位分类管理，才能促使更加科学的岗位分类管理制度得以建立，才能使职业发展的通道更加自由和畅通，才能使核心教师队伍的积极性和创造性被激发出来。

（二）加强高校教师岗位分类创新管理的原则

我国高校在加强教师岗位分类管理时应该遵循以下几项原则：

第一，将教师岗位的竞争性和教师职业的自主性有机地结合起来。

第二，在制度安排上，使激励机制能够在有效发挥作用的同时，确保教师的自由发展。

第三，在岗位分类的管理方面，应该保证根据实际需要设置相应的岗位，更加科学合理地设置岗位，在不同的岗位之间建立能够互相沟通的渠道。

第四，在人事制度的革新方面，要确保激励机制的有效性，同时要使教师能够拥有自由发展的空间。

（三）加强高校教师岗位分类创新管理的措施

1.根据实际情况设置岗位

高校应根据自身工作量以及工作内容的实际情况，设置不同类型的教师岗位。目前高校的岗位有三大类别，第一类是兼具教学和科研职能的岗位，第二类是以教学为主要任务的岗位，第三类是以科研为主要任务的岗位。高校在这些岗位划分的基础上，还能再进一步进行完善和细分，并且对每个岗位的具体工作内容进行分析，从而使每个岗位的划分界线更加清晰明确以及科学合理。另外，应允许已经在岗的教师根据自己的发展方向和兴趣提出岗位调整的要求，并完善相应的流转通道，从而保证每个教师都能被安排在最适合自己的岗位上。

2.打破岗位终身制

聘任制和任期制应该在高校设计激励制度时被真正运用起来。岗位终身制是目前我国大部分高校对教师普遍实行的岗位制度。在教师被安排到岗位上之后，长期没有变动的问题比较突出。岗位终身制不利于激发教师的工作和自我提升的积极性，容易使教师在工作中产生懈怠的心理，也不利于岗位之间的流动。因此，各高校应实行聘任制和任期制，并且建立和完善考核制度，随时对教师进行公正合理的考评。

第四节 高校行政管理的创新举措

一、重视高校思想政治教育

（一）高校思想政治教育和行政管理的关系

1.思想政治教育是开展行政管理工作的思想基础

高校在制定和实施行政管理措施时，都是要用思想政治教育来作指导的。行政管理的目的是用规章制度来对高校师生的行为进行规范，因此行政管理活动具备强制性的特点。行政管理可以规范被管理者的行为，但是无法实现对被管理者的思想教育，简单来说就是即使高校的师生不认同学校的某些制度，但是为了不受到处分，也必须遵守规章制度。如果要让师生认可学校的规章制度并且能够自觉地执行，就需要在思想上对师生进行教育，让被管理者真正理解学校制定的制度，在思想层面上认可该制度，这样学校的规章制度才是有意义的。因此，思想政治教育是行政管理活动的思想基础，只有思想政治教育取得了成果，才能为学校的行政管理的实施减小阻力。

    2.行政管理是实施思想政治教育的途径

行政管理的强制性措施是思想政治教育的支撑，且思想政治教育能够巩固高校教育的成果。思想政治教育能够让学生树立正确的人生观和价值观，以保证学生的行为能够符合社会主流价值观，符合社会主义现代化建设的要求。然而单纯的教育对于学生产生的影响往往是有限的，对一些自制力比较差的学生，其作用甚至是微不足道的，这就需要高校运用行政管理的手段来辅助思想政治教育。根据思想政治教育中暴露出来的问题，行政管理依据学生的实际情况有针对性地制定规章制度，强制学生必须按照制度来执行，对于违反规章制度的学生要采取相应的行政处分。因此，强制性的行政管理能够规范学生的行为，约束那些自制力差的学生。

    3.思想政治教育与行政管理是相辅相成的

高校教育的最终目的就是培养中国特色社会主义的建设者和接班人。思想政治教育与行政管理的根本目的也是促进学生政治思想素质的提高，两者在其中起着相辅相成的作用。从某些角度上来说，思想政治教育就是一种柔性的行政管理，而行政管理就是强制性的思想政治教育。行政管理活动如果没有思想政治教育作为基础，那么就无法让学生理解和认识，从而适得其反；如果思想政治教育没有行政管理作为执行手段，那么就会丧失强制力，对学生起不到教育的作用。因此，思想政治教育是实施行政管理的思想保障，而行政管理是实施思想政治教育一些强制性措施的手段。思想政治教育通过教育促进学生思想认识的提高，行政管理通过规章制度对学生的行为进行规范，两者的目的都是帮助学生树立正确价值观，并引导学生做出正确的人生选择。

（二）高校思想政治教育和行政管理有机结合的具体做法

    1.改进思想政治工作体系以推动行政管理工作的顺利开展

第一，高校的思想政治工作主要是对学校的工作人员进行思想教育，学校要利用先进的管理理论来加强思想教育。学校要培养工作人员的参与意识和责任感，利用多种思想政治教育模式，将学校工作人员的参与意识调动起来，加强学校管理人员和被管理人员之间的关系，减少因为不能理解管理者的意图和对策而引起的不满情绪，为工作人员打造一个良好的工作环境。第二，对激励体系进行完善，以充分调动工作人员的积极性，让他们积极参与。在以往激励制度的基础上，对管理者的行为激励以及关怀激励和支持激励等激励制度不断地进行改进。第三，强化培训，开展多渠道和多元化模式的业务知识和文化教育，提升工作人员的专业能力。

2.提升行政管理干部的思想政治素质

要保证高校行政管理工作的高效性，关键是要具备一支具有高政治素质的行政管理干部队伍。行政管理干部需要具备高尚的品德和才华，怀抱远大的理想和目标，具有无私奉献的精神和服务精神，能够克服工作中遇到的各种困难，能够认真努力地完成工作任务。除此之外，行政管理干部还要具有良好的知识架构，具备综合分析能力和具体问题处理能力，只有道德和才能都具备，才能强化高校行政管理干部队伍的素质建设，因此行政管理干部需要三观端正，不断提升自身的政治素养，才能实现思想政治教育和行政管理的有效结合。

随着高等教育不断地改革和深入，各高校的办学规模也不断加大，这使得学校的管理工作中出现越来越多的问题。在这样的形势下，对高校行政管理者的要求也越来越高，而思想政治教育和行政管理的关系密切，高校在实施行政管理的同时，还需要加强思想政治教育工作，全面提高高校管理的有效性。

二、服务型高校行政管理体系的构建

（一）高校行政管理的服务特性内涵

1.专业性的服务

由于高校中各个系别、学院都具有不同的专业，高校的行政管理工作过程中，经常会出现一些涉及专业领域的管理工作，而这些管理工作由于具有极强的专业性，也就给高校行政管理工作者带来了较大的工作难度。因此，高校行政管理工作人员要有足够的专业知识，只有具有专业能力的工作人员才能够更好地进行高校行政管理工作，从而为高校的学生和教职员工提供更多优质的服务。

2.服务客体具有多样性

服务型的高校行政管理体系的工作核心是满足学生和教职员工的基本需求,为学生和教职员工进行服务。然而,由于学校中的人数众多,每个人都具有不同的要求,导致高校行政管理体系的服务具有多样性的特点。因此,高校行政管理工作人员要针对每个服务客体的具体要求,进行不同的行政管理服务,从而满足每个服务客体的基本要求,提升高校行政管理的服务能力。

3.服务具有规范性的特征

对于高校行政管理体系而言,只有具备了较强的规范性,实行规范化的服务,才能更好地提升高校行政管理的服务质量。因此,高校行政管理体系的建立,要以满足学生和教职员工的需求为核心理念,通过对学生和教职员工进行规范化的服务,在每一个工作的环节都进行科学的设置并管理,简化高校行政管理工作的工作流程,从而让高校的学生和教职员工能够享受到更加优质的服务,促进高校教学质量和科研水平的不断发展。

(二)高校行政管理服务特性的意义

1.服务型高校行政管理有助于高校行政管理改革

高校行政管理是维护高校日常运作和发展的重要环节,也是高校进行教学和科研的重要保障。不同的高校由于实际情况有所不同,行政管理体系也有所不同,其管理模式对不同的高校具有不同的影响。而随着服务型高校理念的不断深化和发展,传统的高校行政管理模式已经无法符合高校的发展和建设,因此对于高校行政管理体系进行相应的改革,已经成为高校不断发展的必然要求。服务型高校行政管理是以高校的学生与全体教职员工的诉求为核心的,以为学生和全体教职员工提供服务来更好地贯彻服务型高校的建设理念。因此,服务型高校行政管理的使用可以有效地促进服务型高校的不断发展,促进高校教学水平和科研水平的不断提高。

2.服务型高校行政管理有助于培养高素质的优秀人才

高校的核心目的是为国家和社会培养更多高素质的优秀人才,而服务型高校的核心理念更是以学生和教师为本,对学生的能力和素质进行培养。因此,服务型高校行政管理要立足于学生和教师的实际要求,为高校的教学和科研提供更优质的服务,为高校的人才培养奠定坚实的基础。对于服务型高校行政管理理念的深化和贯彻，可以有效地培养行政管理部门的服务理念，从理念上提升行政管理部门的服务效果，使得行政管理部门能够更好地对学生和教职员工进行服务，让高校培养高素质的优秀人才的核心理念能够融入行政管理部门当中，从而使得全校形成为学生的培养服务的理念，提高教师的工作积极性，促进教学水平的不断提高。同时，服务型高校行政管理模式的使用，还可以给学生一个良好的生活和学习环境，激发学生的学习兴趣，提高学生的学习效果，为高校培养出更多高素质的优秀人才。

3.服务型高校行政管理有助于高校科研发展

高校除了是培养人才的重要场所，还是进行科研的重要场所。传统的高校行政管理模式，注重行政权力的主体地位，而忽略了学术权力的重要作用，使高校行政管理体系无法为高校的科研方面做出应有的贡献，导致高校的科研水平难以得到发展。而在服务型行政管理模式的高校中，除了注重对学生的培养以及对学生与全体教职员工的服务，还要注重提升学校的科研能力，这就要求在行政管理中，更加注重学术的重要地位。服务型高校行政管理模式能够更好地协调各个部门之间的关系，让各个部门能够在促进高校科研水平的目标上共同努力，从而为高校顺利进行科研项目提供相应的保障。同时，在服务型高校行政管理的模式下，不仅要注重高校的日常工作，更要着眼于未来，对于高校的未来发展有一个明确的认知，建立相应的战略方针，从而有效地提升高校的教学质量和科研水平。

（三）基于服务特性的高校行政管理工作构建思路

1.改变传统的高校行政管理理念

传统的高校行政管理理念，更加侧重管制整个行政管理的工作流程，使工作的每一个环节都能更加符合高校相关的规章制度，而忽略了行政管理应该满足学生与教职员工的基本要求，这也就导致了服务型高校行政管理体系难以进行构建和发展，阻碍了高校的发展步伐。因此，在高校服务型行政管理体系的构建过程中，高校的行政管理部门必须转变传统的行政管理观念，通过树立以学生和教职员工为本的服务思想，来对全校的师生负责，在行政管理的工作过程中，充分考虑学生与教职员工的基本要求。

2.建设服务型高校行政管理队伍

行政管理工作人员在整个行政管理工作流程中起主体作用，行政管理工作人员的工作能力和素质，直接地影响了整个行政管理工作的质量。因此，对于行政管理工作队伍进行相应的建设，对于提升服务型高校的行政管理水平具有重要的意义。在服务型行政管理队伍的构建过程中，首先要提高行政管理工作人员的思想政治素养，使行政管理工作人员能够具有良好的职业道德和服务意识。

3.建立完善的服务型高校行政管理制度

完善的制度是保证服务型高校行政管理顺利开展的重要前提，因此在服务型高校行政管理的建设过程中，要对服务型高校行政管理的规章制度进行相应的建设。要建立相应的民主决策制度，让全校的学生与教职员工都能够融入管理过程中。

还要建立一个对于行政管理水平和质量的评价监督机制，让学生和教职员工能够对服务型高校行政管理进行相应的评价，并吸取其中的不足之处进行相应的改正，以保证服务型高校行政管理能够顺利地进行。

行政管理体系在我国高校的发展和建设上具有重要的意义，对服务型高校行政管理体系的构建，可以有效地深化我国服务型高校建设的程度，促进我国高校教学水平和科研水平的不断提升。

三、"以人为本"的后勤服务体系构建

（一）"以人为本"的高校行政管理理念

"以人为本"的高校行政管理理念，是以"为广大师生服务"为宗旨的，也是国家对教育事业发展的新要求，对我国政治、经济、文化的发展都具有深远的影响。在传统的管理模式下，高校行政管理理念落后，严重忽视了广大师生的主体作用，导致行政机构冗余，管理人员工作效率低下，后勤服务质量得不到有效保障，严重影响了教学科研工作的开展。因此，只有对高校后勤行政管理体系进行优化和改革，贯彻"以人为本"的管理理念，将服务教学、教师和学生当作首要任务，提高管理人员的综合素质，才能为高校各项工作的开展提供保障，促进我国教育事业的发展。

（二）"以人为本"的高校后勤行政管理体系的构建

1. 树立"以人为本"的管理理念

要实现高校后勤的人性化管理目标，必须树立"以人为本"的管理理念，确保后勤行政管理舒心、放心，能够充分满足现代化管理要求，加强管理的人性化，才能充分调动后勤人员工作的积极性和主动性，确保其在工作中尽心、尽力、尽责，更好地服务于广大师生，让教师和学生在良好的校园环境中工作和学习，从根本上实现人力、财力、物力的功能最大化和效用最大化。

2. 提升后勤服务保障功能

随着高等教育的普及化发展，高校后勤工作正朝着社会化的方向发展。学校的大学生对高校后勤服务的要求不断细化，为有效满足学校、教师和学生的基本需求，必须重视对后勤行政管理体系的优化和完善，改变传统的后勤行政管理模式，提升高校后勤服务保障功能，为广大师生提供主动、高效、便捷的服务，充分满足高校发展的基本需求。在高校后勤行政管理工作中要坚持走可持续发展的路线，实现科学化管理，以人为本，提高高校后勤行政管理人员的工作热情。

3. 建立高素质的后勤干部队伍

要想做好高校后勤保障服务工作，必须重视对高校后勤人员的培养，建立高素质的后勤干部队伍。高校只有加强高素质后勤干部队伍建设，聘请专家开展后勤服务知识讲座，不断更新高校后勤行政管理理念，增强后勤人员的责任感、服务意识，提高后勤人员服务水平，才能使高校后勤行政管理跟上时代发展的步伐。

4. 优化和完善后勤运作机制

随着科学技术的快速发展，传统的后勤行政管理模式已经不能满足高校教育事业发展的需求，因此优化和完善高校后勤运作机制是十分必要的。将先进的信息技术应用到后勤行政管理中，能够实现高校后勤的信息化管理，使后勤行政管理部门及时掌握并汇总工作信息，为高校后勤行政决策创造有利条件。高校还可以构建信息交流平台，有效实现师生和后勤人员的双向互动，提高后勤行政管理水平，使后勤行政管理工作科学化、规范化、合理化。总结高校后勤服务是学校中心任务开展的重要保障，后勤部门只有在服务广大师生的过程中贯彻落实"以人为本"的理念，才能为高校后勤工作和教育教学工作开拓新的局面，实现高校后勤行政管理的科学化和规范化，促进教育教学活动的开展。

四、高校行政管理效率提升策略

（一）健全人才准入制度，引进尖端行政管理人才

在高校行政管理领域，大部分行政管理人员都来自基层，其管理方法与管理理念是在日常工作经验中形成的，而且是以工作经验为基础开展各项管理工作。大部分行政管理人员自身所具备的知识水平偏低，没有掌握新型的管理方式，管理理念较为落后。随着时代的发展，尤其是信息化水平的不断提高，依托工作经验的行政管理模式已无法适应时代发展的各种要求。基于此，在高校行政管理中应高度重视创新管理模式的问题，积极构建完善的人才准入机制，以此提高行政管理队伍的整体水平；应以人才退出机制为辅助，对行政管理人员进行定期考核，依据其表现决定去留。发挥机制优势，能够激发高校行政管理的活力，提高管理效率与质量。

（二）完善管理与服务的责任制和绩效管理

公立高等院校的经费来源主要为政府拨款，在院校管理层面需要受到行政体制的约束，因此应结合院校实际，打破传统的单一制行政管理模式，引入管理责任制和服务责任制，以企业管理和服务模式为参考，切实将行政管理工作落实到个人。此外，要适当下放行政管理权力，依据管理人员个人特长合理安排管理岗位，使管理人员的才能得到充分发挥，提高个人发展与高校发展的契合度。

1.明确行政管理人员的职责

在工作中，只有按照岗位的不同，制定不同的绩效考核标准，才能达到完善绩效管理的目的。第一，高校需要根据自身的运转需求，确定行政管理部门以及行政管理工作人员的数量。如果学校的规模比较大，则可以设置较多的行政管理人员，反之则要减少。第二，要根据岗位的不同，确定不同的工作职能，规定行政管理人员所应该承担的责任和义务，使行政管理的效率得以提升。第三，学校要为每个行政管理人员确定对应的绩效目标，比如在确定绩效目标的时候，需要根据部门的整体绩效目标、个人的岗位要求、

行政管理目标、行政管理的难度等方面进行综合考量，使绩效管理的目标可以在工作当中得到实现。

2.完善绩效管理考评体系

需要完善绩效考评体系，才能有效完成绩效管理的目标，促进行政管理人员的自我提升，因此在实际过程中需要加强绩效考评体系的修正，才能满足管理的要求。为了使高校行政管理人员的绩效考评更合理、更有效，应从以下几方面入手：

（1）目标分解，计划到位，科学定位，有效沟通，职责明确

在绩效管理的四个环节中，绩效目标的设立最重要，它是绩效管理活动的中心和总方向，决定着计划时的最终目的、执行时的行为导向、考核时的具体标准。设定绩效计划目的在于将学校发展战略及目标与每位行政管理人员的行动结合起来，确保行政管理人员的工作目标与学校的战略目标保持一致，最大限度地保证学校战略目标的实现。绩效计划必须清楚说明期望行政管理人员达到的结果以及为达到该结果所期望行政管理人员表现出的行为和技能。通过层层分解目标来实现，并力争保持学校战略目标与规划和教职员工个人愿景的和谐一致。

（2）重视过程考评和控制，力求考评的完整性和连续性

控制是管理的一项基本职能，它是通过对计划执行情况的监督、检查等方式，及时发现目标偏差，找出原因，采取措施，以保证目标顺利实现。一个完整的绩效管理系统包括绩效目标与计划、绩效控制、绩效考评、绩效反馈四个环节。要使绩效考评真正有效，必须关注以下几方面：

第一，做好平时记录，形成绩效文档。绩效管理一个很重要的原则就是无意外，认真做好被考评人员的平时绩效记录，形成绩效文档，作为年终考评的依据，确保年终考评有理有据，公平公正。

第二，营造浓厚的学习氛围，提高员工自我学习能力。高校本身就是一个学习型的组织，更要根据不断变化的形势，调整人才培养的目标和计划，为行政管理人员的发展营造良好环境创造相应的条件。

第三，慎重选择考评主体，体现全面性、针对性。高校行政管理人员服务的对象主要包括学校高层领导、教师、学生及其他相关的管理人员，应该说相对教师而言要广泛得多。同时，不同的行政管理岗位又有自身不同的主要服务对象，对行政管理人员的绩

效考评应慎重选择其考评主体，力求保证全面性、针对性，并考虑到其与被考评人的关系、素质、各类考评主体的人员分配比例等因素，从而使考评结果更具公平性、公正性、合理性，也更可信，更有效。

第四，确立奖惩性评价与发展性评价相结合的价值取向。在绩效考评过程中，由于价值取向的不同，评估的指标、标准及考核评估的方法等都会有相应取舍。可以说价值取向是绩效考评的基础，也是建立整个绩效考评体系的方向。奖惩性评价主要以奖惩为目的，是一种不完全的评价，是一种终结性的面向过去的评价。它在某种程度上可以促进改革，促进提高，引起部分人员的共鸣和反响，但它从根本上忽视了评价的激励和导向功能，不利于促进全体行政管理人员的发展。而发展性评价既注重人的全面发展、和谐发展、个性发展和人格完善，又注重一个组织发展和社会发展的需要，体现价值一元性与多元性的统一。但发展性评价若不与奖惩性评价相结合，又会导致广大行政管理人员无压力和激励刺激，同样对提高管理水平及服务质量无益。因此，在高校行政管理人员的绩效考评中必须将两种评价方法结合起来，综合运用，才能收到很好的效果。

重视个人绩效的同时，关注团队绩效，实现绩效最大化。对于高校的每个行政管理岗位而言，实际上都要求多种能力的组合，而每个人能力结构是不同的，同时一个人的能力也是有限的。而高校的行政管理是个完整的系统，许多管理工作是相互联系、相互影响、相互制约的。因此，学校管理者要在进行个体绩效考评指标设定时，根据各岗位的实际情况，适当加入一些与团队绩效和流程相关的指标，并通过团队绩效目标及相关工作流程将具有不同能力结构的人融合在一起，量才用人，任其所长，不任其所短，创造机会，重视引导，形成团队成员互促共赢的局面，实现绩效最大化。

3.加强考评结果的运用

首先，要重点关注考评结果的反馈。当完成考评之后发现行政管理人员存在问题，要及时寻找原因，找出解决的方法，改善行政管理人员的行为。其次，要将考评结果与行政管理人员的薪酬、晋升挂钩，使行政管理人员可以争先提高自身的工作质量，以期获得更好的考评成绩。最后，要将考评结果进行对外公布，使行政管理人员可以了解到绩效管理的权威性，从而注意自身的行为，提高行政管理的效率。

4.强化绩效考核的激励措施

由美国心理学家伯尔赫斯·弗雷德里克·斯金纳提出的强化理论可知，人们总是期望完成任务并取得阶段性成绩后，能够得到适当的奖励和大家的肯定。高校的战略目标如果没有相应的物质激励或精神激励来持续强化，长此以往，行政管理人员的工作积极性就会逐渐消失。根据激励理论及激励方法的不同，高校行政管理人员的管理者可从以下几方面强化绩效考核的激励措施：

（1）物质激励措施

现阶段，物质激励仍然是大多数高校行政管理人员关注的重心。高校行政管理人员的管理者可以将各岗位人员性格特征、需求的差异性、服务数量、服务质量、服务对象的满意度及服务难易程度等综合测评，与其绩效工资挂钩，在各单位内进行绩效工资的二次分配，不同部门不同岗位不同的行政管理人员之间拉开差距，以体现多劳多得，优绩优酬。

（2）精神激励措施

物质激励与精神激励二者之间相互配合，相得益彰，缺一不可，只重视物质激励而轻视精神激励不仅会加重学校经济负担，而且对员工的长远发展不利，而只重视精神激励轻物质激励，不能满足职工的基本生活需求，因此需要二者有效结合，各自发挥自身优势，弥补对方的不足。精神激励相对于物质激励而言是无形的激励，是看不见摸不着的激励方式，但是能满足人们精神上的需求，包括给员工升职、对他们的工作认可、职位晋升、培训激励和被尊重的激励等多种形式的激励手段，能给他们带来荣誉感、成就感和满足感，持续地凝聚他们的工作信念，让他们激情饱满地实现组织目标。马斯洛需求层次理论中指出，人们在满足生理需求和安全需求后，会更多地关注社交、自尊、自我实现等更高层次的需求，随着人们生活水平的提高，高校行政管理的决策者和管理者在采取物质激励的同时，还应该把重心转移到以满足较高层次需要上。

（3）知识激励措施

知识激励也是激励中的重要部分，是指高校行政管理人员对知识的需求，及时提供必要的技能知识、信息及学习知识的机会来调动他们的积极性和创造性的一种激励手段。高校行政管理人员是知识型人才，他们既有一般人的基本需求，又渴望生活的归属感、事业上的成就感和社会上的荣誉感，收入对其满足需要的边际效用呈递减趋势。随着生活水平的提高，他们对物质激励越来越淡化，非物质的需求所占的比重越来越大，自我实现需求占据主导地位。知识激励主要包括向不同党政单位各个职能部门行政管理人员提供必要的专业知识培训和获取各种知识的机会，如定期将高校行政管理人员输送到与自己工作或所学专业相关的培训基地进行知识培训，以提高其专业知识技能和综合素质。

（4）目标激励措施

目标激励是指高校设置整体发展的目标，使行政管理人员的个人目标与学校的整体目标紧密地结合在一起，让他们感觉到他们的个人利益与学校整体利益息息相关，愿意全心全意为高校发展服务。建议高校行政岗位的管理者在采取物质激励的同时，还要结合目标激励机制，结合各个部门不同岗位人员的绩效考核结果、能力与素质特征、服务态度、服务质量和工作效果，为其确定适当的岗位目标。岗位目标再分解成多个目标，与本人工作岗位有效地结合起来，能够激励人努力去争取并明确进取的方向。心理学上把目标称为诱因，是启发人们奋发向上的内在动力。同时，各高校根据自身战略目标和学校的财力引入现代企业人力资源管理理念，并制定竞争性和市场化的宽带薪酬制度，从而吸引优秀人才，推动教育事业的发展。一方面，将有事业心、有进取心、有领导力、综合水平兼优的人员安排到重要的工作岗位上，充分挖掘他们的才能，调动他们的工作热情，推动他们的职业生涯发展；另一方面，可以根据绩效考核结果对高校行政管理岗位进行优化配置，将不同岗位不同层次的人员合理配置到相对应的岗位上去，人尽其才，才尽其用。

（三）建立健全行政管理制度，实施量化管理和信息化管理

有章可循是开展各项管理工作的重要前提，同时也是确保管理取得成效的关键。为了提高高校行政管理效率，需要构建完善的管理制度，依托制度优势开展各项行政管理工作。为此，在院校内部应针对管理人员设置值班制度、岗位责任制度、办公制度等。还应结合管理人员的工作特征，设置绩效考核制度，确保绩效考核所采取的评价指标具有代表性与科学性，并将制度落实程度纳入个人考核内容之中，与绩效联系在一起。在管理制度构建的过程中应始终坚持以人为本的工作理念，面向所有行政管理人员征集相关意见，以确保制度本身具备良好的操作性和实践性。在高校行政管理中存在着较多环节的信息沟通问题，如管理高层向基层传递信息需要经过多个层级，而基层向管理层传递信息也同样需要经过多个层级，导致信息传递效率较低，难以发挥信息的时效性。基于此，应完善高校行政管理机构，分别设置问题调查部门、意见收集部门、服务监督部

门与政策编制部门等,对每个部门的职责和权利给予明确的界定,并构建监督机制,以保障行政管理工作的高效性。此外,在管理方法上,应引入信息化管理与量化管理方式,结合院校发展实际与时代发展特征,不断更新行政管理理念,引入先进的管理方式,有效提升高校行政管理的水平。随着社会经济的不断发展,市场对人才培养提出了新的要求。高校需要高度重视管理工作。当前,我国高校行政管理体制仍存在一些问题,希望每一位高校行政管理工作者都能拿出严谨与认真的态度,使教育管理工作得以完善,行政管理工作得到加强,为我国高等教育的人才培养做出积极的贡献。

(四)加强各部门的协作,增强沟通交流

行政管理应胸怀大局意识,根据高校的发展规划方针,统筹兼顾,有侧重、有目标地安排各项工作,保证学校各项工作的顺利推行。行政管理需要良好的前瞻性,不可只顾眼前利益或小集体利益,眼中要有学校这个"整体",各部分、教学单位分工协作,并无孰轻孰重的区分。加强各部门的协作,增强沟通交流,吸纳有效建议,弥补当前工作的不足之处,提高整体行政管理水平。

高校行政管理依赖于高校行政管理信息的通畅。信息的通畅离不开有效地管理沟通。为了改善高校行政管理沟通,需要做到:第一,要拓宽信息沟通渠道。人与人之间的沟通除了正式的沟通还需要非正式的沟通,有时候非正式的沟通甚至比正式沟通更有效。高校行政管理人员应该深入研究师生员工喜爱的沟通方式,才能做到管理信息沟通的快捷、有效。第二,要提倡双向沟通。双向沟通是指有反馈的信息沟通,这种反馈可以进行多次,直到双方满意为止。它的优点是信息传递的准确性和接受率较高。

(五)强化行政管理人员的忧患意识

行政管理人员需要增强责任感、使命感。同时也需要具有忧患意识,增强危机感、紧迫感。忧患意识在一定程度上包含预见意识和防范意识。"祸兮福之所倚,福兮祸之所伏",忧患意识的重要表现就是善于从看似平静的日常工作中预见危机,从有利中发现不利,准确判断,未雨绸缪,防患未然。当前是我国高等教育的快速发展阶段,许多高校都处于转型的关键时期,行政管理人员要保持清醒的头脑,增强工作的预见性,并且做好各种应急预案。总而言之,我国高等教育事业发展迅速,高校行政管理也需要迎

难而上，锐意进取，不断深化教育管理体制改革；丰富行政管理人员的管理工作经验，完善行政管理工作方法，提升行政管理工作效率，为我国新时代高等教育事业发展做出应有的贡献。

（六）提升高校行政管理人员自我价值感

高校行政管理人员自我价值感的高低不仅影响其自我实现的进程，影响其自身的心理健康水平，还直接影响其工作效率和工作潜能的发挥。因此，提升高校行政管理人员的自我价值感是必要的，也是具有现实意义的。

1.提高自我概念水平

自我概念是个体对自己的总体知觉，它包括对自己的生理自我、道德自我、心理自我、社会自我、家庭自我、自我认同、自我满意和自我行动等多维度的认知和评价。低自我价值感的高校的行政管理人员应该首先学会正确地、合理地认识自我，学会欣赏自我，并诚恳地接纳自我，在工作中不断地审视自我、分析自我和探索自我。只有提高了自我概念水平，才能对自己提出合理的目标和期望，工作中才能够很好地把握自己，创造更高的自我价值感。

2.掌握积极思考的方法

个体的思维方式的性质决定其行动能力，行动的能力决定其工作的效果，工作的效果决定其自我评价，自我评价决定其自我价值感的高低。高校行政管理人员在开展工作的过程中，常常会遇到许多不确定的因素和不能自主的情况，这些使他们在工作中产生不确定感、烦躁不安、无助感、焦虑等负面情绪。因此，工作中学会运用积极思考法，可以帮助他们发现工作中的乐趣，积极地面对工作中的挫折、压力，合理进行自我心理调节，保证愉快地开展工作，获得较好的、满意的工作绩效。

3.提升情绪管理的能力

根据相关研究，个体的情绪智力更多是指个体的情绪管理能力。个体的情绪管理能力可以反映一个人的成熟水平，情绪管理能力强的个体可以控制自己的不良情绪，如果个体情绪出现波动时，可以主动地调节，使其适应自己的工作和生活，或者将其对工作和生活的影响控制在最低水平。在工作过程中，无论是由于自身人格因素，还是工作因素，高校行政管理人员都会出现情绪波动，甚至情绪失控的情况，如果处理不当，不仅会影响他们积极地开展工作，还会影响其积极的自我价值感的形成。高校行政管理人员可以通过学习放松技巧，掌握一种或几种放松方法，帮助自己稳定情绪。这些情绪管理技巧或情绪管理方法，可以帮助高校行政管理人员理智地面对工作中遇到的各种情境，成功地处理工作中的难题，并能够得到别人和自己的积极的肯定，有助于他们形成积极的、正向的、健康的自我价值感。

4.规划职业生涯

合理地进行职业生涯规划，可以帮助个体有计划地进行自我实现，让个体在人生的每个阶段都可以形成高自我价值感。高校行政管理人员可以根据个人的实际情况和工作任务，并结合学校的发展目标和方向，对自己的职业生涯进行规划，让自己清楚地知道每个阶段该做什么，可以检验自己每个阶段自我发展和自我完善的课题完成情况。这样他们可以在工作中完成自我实现，进行自我成长，提升自我价值感。

（七）加快行政管理的信息化和现代化建设

21世纪是信息技术的时代，随着信息技术被越来越广泛地应用到工作、生活的各方面，应充分、合理地利用资源，加快高校行政管理工作信息化、现代化进程，提高管理效率，改善管理条件，逐步做到管理手段和设施的现代化、网络化。

第五章　互联网时代高校教育管理的创新发展

随着经济的发展与科学技术的进步，人们已悄然进入互联网时代，互联网正以其信息量大、传播速度快、覆盖面广以及开放性、交互性、广泛性、便捷性和隐秘性等特点，快速延伸到社会的各个角落，直接影响着人们的思想、学习、工作和生活，高校教育管理自然也受其影响。互联网时代是高校教育管理工作的新机遇，同时也是新挑战。

第一节　互联网时代高校教育管理发展的新取向

高校教育管理受到诸多教育思潮的影响，在"互联网+"的背景下，呈现了新取向。

一、高校教育管理的知识发展取向

在"互联网+"的背景下，以知识发展为取向进行高校教育管理，具备了现实基础与可能性。人类的知识大体上可以分为三类：人文科学、自然科学和社会科学。随着网络信息技术的发展，学校再也不能将其核心目标定为保证学生掌握学科中所有需要知道的知识。当教师为学生学习知识进行体系安排时，不能仅仅着眼于对知识内容的描述。这并不代表着内容就不重要，而是意味着内容只是知识的一个方面。知识的范围很宽广，并不止于具体事物、情境等，也不止于对事物的关系的解释。教育工作者在设计教学体系、进行高校教育管理的同时,要教给学生的是那些与知识本身相关的思维、方法、结构与过程,这样学生才能运用科学的方法来解读世界。学校教育在于让学生学会如何学习,这样才能面对知识爆炸的时代。以往的高校教育很难将知识与学生学习的能力结合在一起,教师往往只是单纯地完成教学任务,后续的学习只能靠学生自觉完成。对于那些自控能力差的学生,教师无法进行监督,课后的教学管理也往往落不到实处。

在网络条件下,知识体系以非常清晰的状态呈现在教师与学生面前。教师根据横向与纵向的知识体系,可以随时随地进行高校教育管理。高校教育管理的知识发展取向与教师的教学体系紧密相关。在"互联网+"的背景下,教师在进行面授的同时,学生可以在网络上自学,教师还可以同时指导学生实践。必须掌握的知识点、需要慢慢体会的内容、在实践中运用的技巧,这些可以同时铺开,学生在这种扁平化的学习网络中可以同时构建自己图式体系中的知识与技能,这在以往的教学体系中是很难实现的,但在网络背景下可以实现。知识体系实现了这样的扁平化构建,高校教育管理也随之有了新取向。管理者根据教师的知识体系检验学生的学习情况,并随时反馈,使高校教育管理与网络管理紧密结合在了一起。

二、高校教育管理的学生发展取向

教育系统的学生发展取向,强调通过有效智力发展过程发展学生用于更为广阔背景下的认知技能,高校教育管理也随之发生变化。这一取向体现了人本主义思想,强调学生的需要与兴趣,认为教育的目的在于帮助学生发现自我。在这一过程中,教育教学所起到的作用就是为学生提供内容与工具,高校教育管理也是为其发展提供工具与平台。

传统的教学模式形成了传统的教学文化,传统的教学模式与文化凭借的是印刷体知识。教师与学生通过印刷体知识进行交流,学生的能力也是在对印刷体知识学习的过程中形成的。信息时代的计算机、手机、网络媒体等为知识讲授提供了新的方式,其最主要的特点就是使传统的能力培养的各种形式之间的界限模糊了。传统的能力培养主要是通过对印刷体知识掌握情况的各种检验来完成的,如语文教学中的听、说、读、写能力。互联网为学生提供了丰富的学习资源,他们可以在网络中根据自己的需要与兴趣寻求资源，以此发展自己的各种能力。在这种情况下，高校教育管理更要因地制宜，贴近学生，才能促进学生发展。以高校教育的学前教育专业为例，学前教育对学生的专业性具有较高的要求，该专业以学生德智体美的全面发展为目标，根据学生的兴趣开设选修课程。学生可以根据自己的需求与未来的职业定位选择课程，并且横向展开，而高校教育管理在其中就起到了良好的辅助作用。

三、高校教育管理的社会需求取向

教育是面向社会、面向未来的，教育的目的在于培养人才。人才培养一定要体现社会需求，高校的教学与教育管理也体现了这一需求。高校教育不同于基础教育，高校教育的毕业生大部分要直接参与到社会工作中去，因此如何与社会接轨就显得十分重要。近几年来，随着国家社会经济的发展和人民生活水平的提高，互联网发展迅速，许多老专业呈现出了新的社会需求态势，而许多新的专业或以往冷门的专业被挖掘出了极大的潜力。面对这样的社会需求变化，教育教学体系必然要随之改变，高校教育管理也要有新的变化。如保险专业的教育管理就要不同于其他专业。保险专业的学生需要学习会计学专业的相关知识，还要进行相关的社会实践，同时要参与到保险公司的各项活动中去，这都是社会需求在教学中的反映，而体现在教育管理中则更加复杂一些。针对保险专业的教育管理就不能仅仅着眼于学生的学业成绩，还要与保险公司挂钩，根据保险行业的行业要求对学生的学习进行鉴定与管理，这都是在以往的教学与管理中不曾出现的，是由"互联网+"与时代的发展使社会需求对教育的影响比重逐渐增加造成的。在高校教育管理研究中，应充分参考信息技术社会对人才培养的要求，在科学知识与案例学习的基础上，兼顾技术运用与社会需求。

第二节　互联网时代高校教育管理模式的创新和实现路径

一、互联网时代高校教育管理模式的创新

在互联网时代，高校需要根据育人工作环境与要求的变化，以创新为驱动，推进教育管理模式得以持续优化。从整体方向上来看，高校需要重视贯彻"以人为本"的管理思想，重点发挥学生群体在教育管理中的主观能动性，在促使管理空间向校外延伸、管理技术得以有效更新的基础上，让高校教育管理工作呈现出更为立体化、现代化的特征。从模式构建来看，"互联网"时代的高校教育管理工作可以划分为学校教育、家庭教育、社会教育三大模块，家校协同教育机制、高校与社会合作育人机制则将三个教育阵地紧密结合起来。在学校教育中，包含专业教育、通识教育、第二课堂建设、校园文化建设等要素，重点在于以学生满意度、参与度为导向重塑教育管理体系，确保教育工作者专业素养与新时期教育管理模式的创新需求相适应。由此可见，高校既需要拓展教育管理工作覆盖面，也需要探索学生群体主观能动性发挥路径和自我教育能力提升路径，通过做好师资队伍建设，为教育管理工作成效的提升提供保障。在此教育管理模式中，互联网在教育管理信息共享以及教育主体沟通交流方面发挥着至关重要的作用，是高校教育管理模式中不可或缺的关键支撑要素，新的教育管理模式主要呈现出以下几点特征：

（一）学生的主体地位得到了强调

在互联网环境下，学生群体不仅是高校教育管理工作的主体，而且也具备了参与高校教育管理的技术条件与平台条件。例如，学生群体可以使用新媒体，向教育管理工作者反馈自身信息，也可以依托评价系统，对高校教育管理工作开展评价。这些因素都让高校中的学生干部、学生会组织、宿管会组织等能够更加深入、高效地参与教育管理工作，从而促使高校教育管理水平得以有效提升。在此背景下，强化"以人为本"的教育管理理念，以学生满意度为导向推进教育管理工作得以持续优化，是高校教育管理工作

得以高质量发展的内在要求。

（二）教育主体与教育载体呈现出了多元化的特征

在发挥高校教育管理主体主导作用，重视引导学生参与教育管理实践的基础上，包括政府部门、大众媒体在内的社会教育主体和学生家长群体也能够参与到教育管理中。这既有利于推进高校教育管理工作与社会发展需求、学生家长群体期待实现良好对接，也有利于提升教育管理工作的全面性。在教育载体方面，互联网、新媒体在教育管理中的应用则能够促使教育管理工作突破时空限制，实现空间跨越，有利于强化教育管理工作的广泛性与影响力。

二、互联网时代高校教育管理新模式的实现路径

（一）改革服务理念

高校教育管理的核心价值是服务，最终落脚于促进学生全面、健康发展的目标上。互联网时代，基于高度开放、自由的虚拟空间，当代大学生的个性及能动性得到了进一步释放，使得高校教育管理面临着更加复杂的环境挑战。对此，高校应牢牢抓住教育管理的本质，跟随时代发展的脚步，改革育人理念，实现"以生为本"的要旨。具体而言，互联网时代的高校教育管理，应当以全体学生为出发点和落脚点，围绕"立德树人"的根本任务导向，有效激发大学生的主体意识和主体能力，并有机地将"全员育人、全程育人以及全方位育人"统筹起来，塑造他们健全的人格、高尚的道德、正确的认知，从而促进"他管"向"自管"的过渡升华。同时，互联网时代，社会的开放程度进一步升级，并由此表现出更高的包容性。因此，高校教育管理还须尊重学生的个性差异和自由，包括身心素质、价值取向、道德认知等，充分运用唯物辩证法理性审视问题，在合乎道德、法治要求的框架下释放学生的天性，保持大学生应有的生机与活力。此外，"互联网+"已然上升至国家战略层级，并驱动着高校教育管理深刻变革，高校要树立信息化思维意识，有机地将其运用到高校教育管理体系中去，打造更加广阔的交互通道，为生成全方位、广领域的育人格局夯实基础。

（二）升级师资队伍

百年大计，教育为本。教育大计，教师为本。互联网时代，教师是高校教育管理创新的"轴心"，扮演着组织者、实践者以及监督者等多重身份，迎来了更加严峻的职业挑战，习近平总书记高度重视教师工作，2021年3月6日在全国政协十三届四次会议医药卫生界、教育界联组会上提出了"做好老师，就要执着于教书育人，有热爱教育的定力、淡泊名利的坚守"的殷切期望。因此，无论何种境遇下，高校教师都须坚守育人初心，做学生成长中的"大先生"，以丰富的学识、高尚的人格积极影响学生，并善于运用互联网相关技术，加强彼此间的动态交互，将教育管理贯穿全程。在此过程中，教师可依托微信、微博等平台建立班级群组，大力弘扬社会主义核心价值观的同时，实时关注学生动态，包括思想动态、情感变化、学习情况等，将育人服务辐射到课堂之外，有针对性地介入指导，最大限度地保证学生健康心理状态。如此一来，师生间深层次的心灵交互、情感共鸣，有助于培养学生对教师的信任感，使其能够欣然接受教师的指导。由此来看，提高教师信息化素养亦是高校教育管理工作创新的重要驱动力。除了教师个体努力之外，学校方面也要给予足够支持，结合实际情况组织开展多样化的培训教研活动，不断充实教师的知识结构，及时更新其工作理念，分享有效实践经验，继而有力激发其创新活力。

（三）多元主体联动

高校教育管理作为一项庞杂的系统化工程，其根本指向是培养合格的社会主义建设者和接班人，与国家兴旺、民族振兴、家庭幸福行业发展等紧密相关，要逐步形成学校、家庭、社会"三位一体"协同机制。全面保障大学生健康成长，互联网则提供了重要的技术支持。具体而言，家校联动方面，可以依托互联网畅通双向交互渠道，共享学生成长动态信息，尤其要关照其日常生活，以师生情、友情、亲情带动学生的积极情绪体验，鼓励其自我教育、自我管理。在上述工作基础上，高校还须加强家庭教育宣传与指导，传输正确的育人理念、方法，积极吸纳家庭方面的意见建议，有的放矢地调整教育管理方案。社校联动方面，强调政府、企业及其他社会团体广泛参与，以互联网为载体整合各类优质教育资源，大力发展"第二课堂"，在丰富多样的实践活动中促进学生成长。互联网时代，高校教育管理有机地将显性教育与隐性教育结合起来，以家庭养成教育为基础、校园德智教育为中心、社会实战教育为重要形式，开辟工作新格局。

（四）革新管理技术

互联网时代的到来，为高校教育管理工作带来了机遇，特别是在技术供给方面，促使高校教育管理工作具备了得以与时俱进的重要支撑。高校教育管理主体需要认识到新时代革新教育管理技术的必要性、紧迫性以及重要性，通过充分发挥互联网时代具有的技术优势，进一步提升高校教育管理工作水平。在教育管理技术的革新实践中，高校教育管理主要需要做好以下几个方面的工作：

首先，高校教育管理主体需要着眼于学生成绩测验工作需求、学生与教师评价工作需求等，有依据地制定教育管理技术革新规划，设置专项创新资金，确保高校教育管理技术的革新能够有条不紊地得以科学开展。

其次，高校既需要依托微博、微信等媒体与学生群体开展沟通交流，也有必要将大数据等技术引入教学管理实践中，从而通过学生群体获得更多的教育管理优化依据，促使教育管理改革方向与学生需求实现良好对接。

最后，高校教育管理技术的革新需要呈现出动态性特征。高校教育管理工作都处于持续发展、动态变化的过程中，为此互联网时代的教育管理技术革新工作不能一成不变，而需要紧随互联网时代的发展对教育管理技术革新方案进行动态化调整，为高校教育管理水平的进一步提升注入活力。

（五）优化管理环境

《荀子·劝学》中言："蓬生麻中，不扶而直，白沙在涅，与之俱黑。"环境对大学生成长的影响作用毋庸置疑，是高校教育管理的重要切入点，互联网时代，各类信息交织更迭推动着多元文化共融发展，填补大学生精神空虚之余，还冲击着他们的价值认知，使得高校教育管理环境愈加复杂、多变。在这样的宏观背景下，高校教育管理工作创新，应当牢牢把握互联网时代的脉搏，瞄准机遇、迎接挑战，重点加强信息安全建设，创造公平的社会环境，营造清朗的校园环境，打造干净的网络环境。简单来讲，创造公平的社会环境，要纠正不良社会风气，加大社会主义核心价值观宣传，依托国家政策导引，保障教育、就业等民生工程，维护好学生群体的利益，使之深刻感受到社会主义社会的温暖，从而激励其自觉报效祖国、服务人民。营造清朗的校园环境，需要"软硬"两手抓，改善自然生态环境，提升建筑群体、绿化景观的美感，并加大基础设施投入，包括多媒体教室、图书馆等，切实解决教育管理中的实际问题。同时，渗透浓郁的人本主义关怀，组织多样化的文体实践活动，如文艺汇演、科技竞赛等，充实学生的课余生活，使其在潜移默化中树立远大的理想抱负。打造干净的网络空间，需要政府、学校乃至全社会协同发力，加强网络信息传播治理工作，时刻警惕不良思潮的渗透，严把准入关，引导正确的舆论走向。此外，高校还须重视信息安全建设，在推动"互联网+管理"升级的过程中，升级安全防护装备，如防火墙、病毒查杀软件等。

综上所述，互联网时代，高校教育管理模式创新势在必行。作为一项庞杂的系统工程，高校教育管理工作同时面临着机遇和挑战，要客观看待互联网的影响，结合自身实际情况，全面了解其中存在的问题，并坚持以问题为导向，有的放矢地加强建设。在此过程中，高校要切实转变工作思维，充分尊重学生主体地位和个性差异，依托互联网平台，加强师生间的深层交互，促进心灵共振、情感共鸣，并积极借力其他教育主体优势，包括政府、家庭及其他社会组织，协同营造良好的学生成长空间。

第三节　互联网时代高校教育管理工作方式的创新与优化

对于高校教育而言，教育管理是其一个重要组成部分，有着无法替代的作用，然而随着互联网时代到来，高校教育管理工作却出现很多问题，主要表现在思政教育难度增大、教育管理模式落后、知识传播方式需要改善以及传统教育形态需要优化等方面。此外，高校在对学生进行评价的过程中，将学生考试成绩作为衡量的主要标准，在一定程度上对高校大学生的全面化与个性化发展产生不利影响。因此，随着互联网时代到来，高校要想满足时代发展要求，应对传统教育管理工作方式进行创新与优化。

一、互联网时代高校教育管理工作的新要求

（一）工作进行理念

在互联网时代背景下，高校教育管理者应积极更新工作理念，改变传统教育工作中的说教思维。互联网时代带来了数据，使得高校传统教育管理工作受到挑战，要求高校教育管理者应对大学生的行为习惯与上网习惯有着清晰的认识，要培养和发展自身互联网数据素养，要以大数据为基础，探索出学生的行为特点，要全面了解掌握学生内心真实想法与情感需求。在"互联网+"环境下，高校教育管理者应主动更新工作理念，摒弃以往的灌输式教育方法，有效运用网络来掌握学生所关注的热点问题。依托互联网所提供的交流平台，及时掌握学生的内心情感需求，有针对性地开展教育管理工作，有效提升高校教育管理效果。

（二）教学方式须改变

在互联网时代背景下，高校教育管理者应紧随时代发展步伐，将以往的教育方式和新兴教育方式有效融合在一起，创新教育管理模式。第一，可以有效运用微博、微信等方式，对学生进行思想政治教育工作，让教育管理工作者拥有教育话语权，并对学生积极开展思想政治引导；第二，应有效运用微课、慕课以及网上公开课的形式，对学生进行学分管理工作，让学生通过管理工作的新方式，将碎片化时间填满。

（三）不断升级管理工作

在互联网时代背景下，网络所具有的便捷性特点，使得人们的生活变得更加便利，同时也对高校教育管理工作提出新要求。高校教育管理者应依托高校创设的网络平台，强化学校各系统之间的协同，让高校事务能够实现"一站式"办理。例如，高校在学生毕业季，以为学生提供便捷服务为主要目的，依托"互联网+"一站式平台，将高校各个工作部门有效出联在一起，改善以往学生办理离校手续需要满校园跑的情况，将不同部门集中在一起，让学生首先在网上提交离校手续，然后再到"一站式"服务现场办理离校手续，学生不用再来回奔波。

二、互联网时代高校教育管理工作方式的新举措

（一）完善互联网基础设施建设

当前，高校教育管理在与互联网融合过程中还存在很多问题，因此高校应积极加快互联网和高等教育管理相融合的速度，要紧紧把握新课程教育改革这个重要机遇，让高校在开展教育管理工作过程中，将互联网技术的作用充分发挥出来。在推动二者互相融合过程中，高校应不断完善互联网基础设施建设，要不断提升高等教育数据收集质量，使得教育活动变得更加丰富，从而为互联网和教育的有效融合打下坚实基础。同时，高校还应积极推动互联网工程建设，对于教育智能产品研发的力度应进一步加大，要主动与相关方面专家展开合作，不断探索互联网在教育中的应用方式，让融合质量能够得到进一步提升。此外，在将互联网技术与教育管理工作相融合过程中，高校还应加强相关方面的信息收集与整理工作，要保证信息收集行为更加规范化，要健全和完善相关要求与制度；要以互联网为基础，进一步强化相关的模型建设，借助云技术等先进的现代技术，让高校信息化环境得到优化，进而促使互联网与高等教育管理工作有机结合在一起。

（二）积极转变教育管理理念

在互联网时代背景下，社会生产方式发生了变革，也促使产业结构实现了调整，进而促使广大人民群众的生活方式与行为习惯发生了一系列改变，因此将互联网技术与各个领域有效融合在一起显得尤为重要。当前，高校教育管理实际工作仍然面临着一些亟待解决的实际问题，这就要求相关人员应重视"互联网+"所发挥的巨大作用，积极转变教育管理理念，明确其在高校教育管理工作中的作用与价值，要将其作为高校教育管理工作改革与创新的一个重要机遇，高校教育管理工作者在实际工作过程中，应始终将学生放在首要位置，并真正贯彻"以人为本"原则。

（三）创新高校教育管理模式

随着互联网时代到来，高校在推进教育管理工作过程中，既要改革和创新传统教育管理理念，树立起"互联网+"思维与理念，并且还应以此为基础，推动教育管理模式改

革与创新。高校在创设新型教育管理模式过程中，要将现代信息化技术引入其中，改革高校课堂教学模式，让高校教育模式朝着信息化方向发展，使广大教师与学生可以不受时间与空间限制进行沟通与交流，进而促使教学服务质量得到有效提升。与此同时，信息化技术也为高校教学和科研人员进行研究也提供了很大便利。

首先，应对教学过程与教学方法进行信息化改革，要改变教师备课的固定模式，将网络平台的作用有效发挥出来，为大学生提供更加优质的学习资源，引导其有效利用课堂时间与课余时间进行学习活动，促使学生思想得以拓展。依托"互联网+"平台建设，打造开放性课堂，让学生的学习路径得以拓宽，为增进教师与学生之间的交流提供一个有效途径。同时，也可以开阔学生视野、拓展学生思维，使其能够正确认识互联网时代为其进行自主学习所提供的便利。

其次，当前在高校教育管理过程中，教师与学生之间的沟通与交流相对来说比较封闭，导致教师无法及时、有效地对学生进行指导。而在互联网时代背景下，高校可以对教育管理工作进行全面监控，这样做既可以及时发现在教育管理工作中所存在的问题，并促使相关人员迅速给出解决方法，还可以将评价的客观性与公平性充分展现出来，进而促使高等教育管理质量得到有效提升。

（四）提升管理者能力与素质

高校要想对大学生进行高效管理，其中最主要的就是应不断提升管理者能力与水平，高校教育管理者应熟练运用教育心理学与管理学相关知识。当前，国内高校教育管理队伍，基本都是教师与管理人员转行后担任，也有部分高校由留校学生担任管理者，这些管理者普遍缺乏相应的专业教育管理知识，无法充分满足现阶段的教育管理要求。具体应从以下几点进行创新与优化：

首先，高校应积极改变缺乏专业管理人才的限制，要主动面向外界进行招聘，通过招聘活动来选取一些高素质、高水平的专业管理人才。例如，可以招聘些拥有教育管理专业学位的硕士生或者博士生，这些精英人员都具有比较丰富的管理经验。

其次，对于教育管理人员，应不断强化其专业性培训。与此同时，对于本校在职教育管理人员，高校也应同样对其展开培训，要制订科学、合理、有效的培训计划，以此促使教育管理人员能够主动转变自己的教育理念。除此之外，高校还应鼓励教育管理人员外出进修学习，要积极打造出一支能力强、素质高的师资队伍，从而使教育管理人员队伍逐渐壮大。

（五）完善"互联网+绿色校园文化"

在互联网时代背景下，高校的主流文化面临着巨大挑战，这些挑战与风险对于大学生形成良好的思想道德与政治方面的观念产生了不利影响。在此种情形之下，健全和完善"互联网+绿色校园文化"成为亟待解决的问题，通过这种方法可以增强大学生对不良信息的鉴别能力。具体可以从以下几个方面加以完善：

第一，应依据高校实际情况，制定出科学、合理、高效的管理条例，要确保条例的科学性与可行性。要积极创设出相应的激励制度，进一步完善当前的制约制度。对于大学生的网络行为，要从道德方面进行约束，并引导大学生正确使用网络，并逐渐形成良好的网络习惯。

第二，对于网络上的学习资源，应合理利用，同时对于海量的资源应进行整合，对于网上舆论要进行合理引导与监控。

第三，由于互联网利用不当而出现的各种问题，应对导致问题产生的原因进行详细分析，要努力培养出一支具有较高素质的评论员队伍。与此同时，还应关注校园热点问题，要有效运用各种网络平台，努力从根本上减少或者避免发生不良事件，并减少其对学生产生的不良影响，对于互联网上的不良信息要从源头上进行净化。

第四，要推动校内网络的实名制，要将每一项责任都落实到每一个人身上，要委派专人来监管网络，坚决抵制各种不良网络信息的传播。除此之外，还应建立网络安全的责任追究制度，各部门应紧密联系在一起，密切配合，真正落实校园网络的绿化工作，营造出良好的网络氛围，从而确保高校教育管理工作能够有序进行。

参考文献

[1]王一涵.新时期高校教育管理的现状和机制创新探讨[J].天津市教科院学报，2018（06）：35-37.

[2]张海英.新形势下高校教育管理的现状与机制创新[J].科学大众（科学教育），2018（12）：144-145.

[3]严丽杰.新形势下高校教育管理的现状与机制创新[J].创新创业理论研究与实践，2018.1（12）：81-83.

[4]岳苏日娜.新形势下高校教育管理的现状与机制创新[J].理论观察，2018（05）：146-148.

[5]刘思月.新形势下高校教育管理的现状与机制创新[J].当代教育实践与教学研究，2018（04）：93-94.

[6]李阳.高等学校"以人为本"管理理念指导下的教学管理模式构建的探索：以湖南第一师范学院为例[D].长沙：中南大学，2010.

[7]傅坤.大数据时代高校教育管理信息化如何创新发展[J].文教资料，2020（26）：101-102.

[8]方琴.大数据背景下高校教育管理信息化创新的策略探析[J].现代职业教育，2020（9）：206-207.

[9]卢鸿德.高等学校教学管理理论与实务[M].沈阳：辽宁大学出版社，1991.

[10]孔建益,顾杰.科学规划与新时期高等教育教学改革探索[M].武汉：湖北人民出版社，2011.

[11]刘思延,张潍纤,郑莹.高校教育教学管理实践与创新发展[M].哈尔滨：哈尔滨出版社，2021.

[12]卢新吾.当代高校教育教学管理科学化研究[M].长春:吉林大学出版社,2010.

[13]赵德荀.大数据时代下高校教育管理信息化创新发展策略[J].课程教育研究,2019（10）:31,33.

[14]李媛.基于MOOC推进大学课堂教学改革策略探讨[D].桂林:广西师范大学,2015.

[15]刘清.高等职业教育教学改革的对策分析[D].武汉:华中科技大学,2004.